Kohlhammer

Kohlhammer Trilogien

Herausgegeben von Jörg Armbruster

Die anderen beiden Bände der Trilogie „Von Hetzern und Empörten", Katharina Ceming: *Entspannt Euch! Warum moralische Empörung nicht hilft* und Christian Masengarb: *Make Democracy Sexy Again: In fünf Minuten pro Woche*, finden Sie unter:

https://shop.kohlhammer.de/trilogien

Der Autor

Benjamin Hindrichs ist Journalist und Regisseur. Zu seinen Themenschwerpunkten gehören Rechtspopulismus, Migration und Menschenrechtsverbrechen. Für seine Arbeit wurde er mehrfach ausgezeichnet, unter anderem mit dem Hugo-Portisch-Preis und dem VOICES Award für investigativen Cross-Border-Journalismus.

Benjamin Hindrichs

Rechtspopulisten:
Radikale auf dem Weg zur Macht

Verlag W. Kohlhammer

Dieses Werk einschließlich aller seiner Teile ist urheberrechtlich geschützt. Jede Verwendung außerhalb der engen Grenzen des Urheberrechts ist ohne Zustimmung des Verlags unzulässig und strafbar. Das gilt insbesondere für Vervielfältigungen, Übersetzungen, Mikroverfilmungen und für die Einspeicherung und Verarbeitung in elektronischen Systemen.

Dieses Werk enthält Hinweise/Links zu externen Websites Dritter, auf deren Inhalt der Verlag keinen Einfluss hat und die der Haftung der jeweiligen Seitenanbieter oder -betreiber unterliegen. Zum Zeitpunkt der Verlinkung wurden die externen Websites auf mögliche Rechtsverstöße überprüft und dabei keine Rechtsverletzung festgestellt. Ohne konkrete Hinweise auf eine solche Rechtsverletzung ist eine permanente inhaltliche Kontrolle der verlinkten Seiten nicht zumutbar. Sollten jedoch Rechtsverletzungen bekannt werden, werden die betroffenen externen Links soweit möglich unverzüglich entfernt.

Umschlagabbildung: © Memitina – iStock.com

1. Auflage 2025

Alle Rechte vorbehalten
© W. Kohlhammer GmbH, Stuttgart
Gesamtherstellung:
W. Kohlhammer GmbH, Heßbrühlstr. 69, 70565 Stuttgart
produktsicherheit@kohlhammer.de

Print:
ISBN 978-3-17-044980-0

E-Book-Formate:
pdf: ISBN 978-3-17-044981-7
epub: ISBN 978-3-17-044982-4

Print-Paket der Trilogie „Von Hetzern und Empörten":
ISBN 978-3-17-045024-0

Inhalt

Vorwort des Herausgebers 7

Einleitung 15

Freunde der Sonne: Was ist Populismus? 21

Das Gedankengebäude 37

Was macht Rechtspopulismus so attraktiv? 61

Rechtspopulistische Strategien 95

Der Weg zur Macht und der Tag danach 135

Das Ende des Rechtspopulismus 155

Literatur 161

Vorwort des Herausgebers

Es ist der 29. September 2024 am späten Nachmittag. Die Nationalratswahlen in Österreich gehen zu Ende. In der „Stiegl-Ambulanz", einer auf Tradition bedachten Gastwirtschaft im 9. Wiener-Bezirk, haben sie sich versammelt, die sogenannten Freiheitlichen, die Mitglieder der rechtspopulistischen FPÖ. Feiern wollen sie am Ende eines Wahlkampfes voller Hass und Hetze. Dann, kurz nach 17:00 Uhr, ist es so weit. Die erste Hochrechnung. Der blaue Balken schießt in die Höhe. Bei 29,1 Prozent bleibt er stehen. Großer Jubel. Die anderen Parteien weit abgeschlagen hinter der FPÖ. Ihre Parolen haben also gezündet bei den Wählern. Parolen wie: „Österreich den Österreichern" oder „Ausländer raus". Auf „Systemmedien" und „Einheitsparteien" schimpfte Spitzenkandidat Herbert Kickl im Wahlkampf, ein „Volkskanzler" werde er sein. Nazi-Jargon, den er offensichtlich liebt. Von der EU hält er nicht viel, um so mehr von Putin, mit dem die FPÖ ein bis heute noch nicht offiziell aufgekündigter Freundschaftsvertrag verbindet. Hilfe für die Ukraine kommt für ihn nicht in Frage. Glaubt man den demokratischen Parteien wie ÖVP, SPÖ oder den Grünen, dann ist seine Chance, irgendwann einmal tatsächlich „Volkskanzler" zu werden, allerdings gering. Trotz seines Wahlerfolges. Schon lange vor dem Wahltag hatten sie versprochen, nicht mit diesen weit rechtsstehenden Politpopulisten zu koalieren. Wie ernst ihnen dieser Schwur ist, muss sich noch zeigen.

Die FPÖ und Österreich sind bei weitem keine Einzelfälle in Europa. Im Gegenteil. So gut wie in jedem Land der EU lassen sich inzwischen Parteien mit ähnlich populistischen Programmen und ähnlich aggressiven Politikern ausmachen. Und damit nicht genug: Bei Wahlen sind sie fast überall erfolgreich. Schier unaufhaltsam scheinen Rechtspopulismus und Rechtsextremismus auf dem Vormarsch zu sein.

In den Niederlanden zieht der lange mitleidig belächelte Rechtsextremist und Islamhasser Geert Wilders als Graue Eminenz die Strippen der rechtskonservativen Koalitionsregierung. Einmal im Amt ist es sehr schwer, diese Demokratieverächter wieder loszuwerden. Denn gewählte Rechtspopulisten wie Italiens Giorgia Meloni, bekennende Postfaschistin und erklärter Mussolini-Fan, und Ungarns Autokrat Viktor Orbán bauen systematisch – auch mit zweifelhaften Methoden – ihre Machtbasen aus, um ihre Ämter als Staats- oder Ministerpräsidenten möglichst abzusichern. Sie versuchen die Presse gleichzuschalten, greifen in die eigentlich unabhängige Justiz ein oder beschneiden die Rechte der Opposition. Ähnliches kann man vermutlich auch von Frankreichs bekanntester Rechtsaußenpolitikerin und EU-Verächterin Marine Le Pen erwarten, sollte sie eines vielleicht nicht allzu fernen Tages in den Élysée-Palast gewählt werden. Sogar im angeblich so liberalen Skandinavien regieren inzwischen rechtsextreme Parteien mit, in Schweden die sogenannten „Schwedendemokraten", in Finnland nennen sie sich „Die wahren Finnen".

Auch in Deutschland freunden sich immer mehr Bürger mit dem Gedanken an, die in Teilen gesichert rechtsextremen Populisten der AfD zu wählen, bei den Landtagswahlen 2024 im Osten bis zu 30 Prozent. Bei der Sonntagsfrage überflügelt sie inzwischen sogar bundesweit die Kanzlerpartei SPD und liegt hinter Spitzenreiter CDU. Sie alle wollen eines: weniger Demokratie mehr Autokratie.

Warum aber gehen Wähler, von denen die meisten bislang demokratische Parteien gewählt hatten, solchen Hasspredigern auf den Leim? Was macht sie stark, was machen die demokratischen Parteien falsch? Warum sind sie europaweit so erfolgreich? Diesen und weiteren Fragen geht Benjamin Hindrichs nach im ersten Band dieser Trilogie, *Rechtspopulisten: Radikale auf dem Weg zur Macht*. Seine Antworten sind nicht erfreulich, eher beunruhigend, ja alarmierend.

Entspannt Euch, empfiehlt dagegen Katharina Ceming und warnt vor inzwischen allzu beliebten Empörungsritualen und Hypermoralismen, wenn es in Diskussionen um Gerechtigkeitsfragen, Antidiskriminierung oder Rassismus geht. Für eine Gesellschaft zweifellos wichtige, wenn nicht gar entscheidende Themen. Und natürlich müssen sich Demokraten gegen die menschenverachtenden Ideologien von ganz rechts zur Wehr setzen. Das ist überlebenswichtig für unsere Gesellschaft. Wenn auch moralische Empörung über Rechtshetzer vom Schlage Höcke und Co. nur zu verständlich ist, läuft doch vieles nicht gut bei diesen Debatten. Zu dogmatisch. Zu rechthaberisch. Zu wenig zuhörend. *Warum moralische Empörung nicht hilft*, erklärt Ceming in zweiten Band dieser Trilogie.

Heute kann schon eine Frisur ausreichen, sich den Vorwurf angeblich illegitimen kulturellen Diebstahls einzuhandeln. So geschehen im März 2022 in Hannover. Eine von Fridays for Future eingeladene weiße Reggaemusikerin wollte bei einem Klimastreik mit Dreadlocks auftreten. Als die Veranstalter von deren verfilzter Haartracht erfuhren, luden sie sie postwendend wieder aus. Der Vorwurf: kulturelle Aneignung. Ein solcher Auftritt sei „aus antikolonialistischer und antirassistischer Sicht" nicht vertretbar, teilte FFF mit. Einer Weißen stehe ein solcher, an Rastafari-Vorbildern angelehnter Kopfschmuck nicht zu.

Tatsächlich haben Dreadlocks eine koloniale Vorgeschichte. Entstanden in den Armenvierteln der jamaikanischen Hauptstadt Kingston, wollten sich die Rastafari durch ihr Erscheinungsbild von den weißen Eliten der Insel abgrenzen, um so gegen Sklaverei, Diskriminierung und koloniale Unterdrückung zu protestieren. Berechtigte Anliegen also, die man unterstützen sollte. Nur wenn solche Solidarität dazu führt, dass gutmeinende Aktivisten andere Gutmeinende einzig wegen einer Frisur canceln, weil sie glauben, das Anliegen der People of Color besonders krass schützen zu müssen, dann schießen sie weit über das Ziel hinaus. Auch übersehen sie dabei: Sich mit anderen Kulturen auseinanderzusetzen, sich mit ihnen auszutauschen, sich auch an ihnen zu reiben und am Ende Elemente der anderen zu übernehmen oder – hoffentlich – auch eigene an sie abzugeben, all das sind wichtige Voraussetzungen, dass Kulturen sich entwickeln können. Kulturelle Aneignung ist also durchaus begrüßenswert und nicht pauschal zu verdammen.

Als Folge solch kompromissloser Engstirnigkeit sieht Ceming letztendlich den allmählichen Verfall von Toleranz. Statt lebendiger Vielseitigkeit starres Schwarz-Weiß-Denken, statt Pluralismus störrische Einseitigkeit, vielleicht sogar so etwas wie Beihilfe zur Errichtung einer Gesinnungsdiktatur, kurz eine erhebliche Gefahr für die offene Gesellschaft. Gutgemeintes, so Ceming, laufe Gefahr Gutdurchdachtes außer Kraft zu setzen.

Dabei sind die zugrunde liegenden Theorien sogar progressiv gemeint und versprechen beispielsweise den benachteiligten Afroamerikaner mehr Gerechtigkeit. Die Critical Race Theory etwa geht davon aus, dass Rassismus nicht nur ein Haltungsproblem einzelner Menschen, sondern strukturell tief in den Gesellschaften verwurzelt ist, bewusst oder unbewusst. Auf dieser strukturellen Ebene sei jeder Weiße letztendlich ein Rassist, selbst dann, wenn er persönlich Menschen mit anderer Hautfarbe ausdrücklich achtet. Die strukturelle Diskriminierung sei leicht im Alltag der Benachteiligten erkennbar, so auf dem Arbeitsmarkt (bessere Jobs für Weiße), bei der Wohnungssuche (Bildung von Ghettos nach Hautfarbe) oder bei der Polizei (Racial Profiling). Wenn aber dieser sicherlich sehr nachdenkenswerte Ansatz zu Bildersturm und neuer Diskriminierung verkommt, wird er zu einem gesellschaftlichen Rückschritt. Moralisch hoch aufgeladen zwar, aber keine Lösung gesellschaftlicher Probleme.

Solcher Hypermoralismus, den Ceming eher in einem progressiven und linken Milieu verortet, führt zu Intoleranz und autoritären Strukturen in einer Gesellschaft, nicht aber zu mehr Gleichheit und Gerechtigkeit. Daher schlägt sie vor, moralisch abzurüsten. Außerdem, dem anderen mit mehr Wertschätzung zu begegnen, auch wenn der ganz anders tickt als man selbst. Kurz, sie empfiehlt: *Entspannt Euch* – moralische Empörung hilft nicht!

Ist also die Demokratie in Gefahr, gar am Ende? Zerrieben zwischen rechten Populisten und linken Moralisten? Wie viel Sorgen muss man sich um die offene Gesellschaft machen? Warum verlieren Menschen die Lust an dieser sicherlich anspruchsvollen und mit vielen Fehlern behafteten, aber dennoch besten aller Politikformen? Warum gehen sie gerade in schwierigen Zeiten den kurzen und bequemen Weg zu Allesversprechern, Fanatikern und anderen Eiferern? Und wie kann man sie zurückgewinnen, sie wieder für Demokratie begeistern, sie überzeugen, dass Populisten oder Moralisten nichts als politische Hohlschwätzer sind, die Bürger entmündigen wollen? Gar nicht so schwer, meint Christian Masengarb im dritten Band dieser Trilogie, *Make Democracy Sexy Again*. Wir erreichen die Menschen nur selten auf einer bloß rationalen Ebene. Also weniger Kopf, mehr Bauch. Demokratie müsse wieder attraktiv und aufregend, schlicht unwiderstehlich gemacht werden. Sexy eben. Etwas, wofür sich die Bevölkerung begeistert.

Aber wer soll das bitte schön machen und wie? Masengarbs Antwort: Wir alle, denn seiner Meinung nach liegt es allein an uns, also an jedem Einzelnen, ob diese für alle offene Regierungsform die Angriffe von rechts wie links erfolgreich abwehren kann. Übeväter oder Übermütter, die uns in salbungsvollen Sonntagsreden erklären wollen, welche Vorteile wir von der Demokratie haben, helfen nicht. Genauso wenig lebensferne Staatsphilosophien oder komplizierte Demokratiemodelle. Schwätzer und Prediger schaden diesem großen Projekt nur. Wichtig sei, so Masengarb, dass die Demokratiefreunde ihre Zufriedenheit mit unserer Gesellschaftsform im Alltag nach außen tragen. Wichtig sei außerdem klares und nüchternes Denken, die eigenen Argumente abzuwägen, Irrtümer einzugestehen und anderen zuzuhören und Respekt zu zollen. Einander nicht das Schlechteste unterstellen. Das sind notwendige Tugenden, die eine demokratische Gesellschaft am Leben erhalten. Fanatismus erstickt sie, genauso Rechthaberei oder Einseitigkeit. Anders als autokratische Systeme leben Demokratien von Diskurs und Debatten und vom Glauben, dass allein lebendige Diskussionen eine Gesellschaft weiterbringen.

Der wichtigste Appell Masengarbs an seine Leser ist: Alle vier Jahre wählen gehen reicht nicht. Demokratie muss im Alltag gelebt werden. Von jedem Bürger. Und das jeden Tag.

Stuttgart, im Dezember 2024   Jörg Armbruster

Einleitung

„Dem Vaterlande zieh' ich Rosen vor …"
(Fernando Pessoa)

„Mit derselben professionellen Gewissenhaftigkeit wusch ich die schmutzige Wäsche meiner Familie und die Deutschlands."
(Beate Klarsfeld)

Björn Höcke kann sich das Grinsen kaum verkneifen. Am 1. September 2024 steht der Thüringer AfD-Chef in einem überfüllten Lokal in Erfurt vor Parteifreundinnen und Anhängern und hält inne. „Abschieben, abschieben, abschieben", brüllt die Menge. Zuvor wurde bereits die Melodie von *L'Amour Toujours* angestimmt, die seit dem Vorfall auf Sylt im Mai 2024 ein Erkennungszeichen der rechtsextremen Szene ist. Alle wissen: Wer bei der Wahlparty einer 30-Prozent-Partei verschmitzt „döp dö dö döp" mitgrölt, würde am liebsten laut „Deutschland den Deutschen, Ausländer raus" singen. Höcke stört sich daran nicht, im Gegenteil. Er feiert den bislang größten Erfolg seiner politischen Laufbahn: Auf den Tag genau 85 Jahre nach Beginn des Zweiten Weltkrieges gewinnt in Deutschland zum ersten Mal eine rechtsextreme Partei eine Landtagswahl. Für Höcke ein „historischer Sieg".

Er hat recht. Die AfD hat an diesem Tag nicht einfach nur den Wahlsieg eingefahren. Sie hat es sogar geschafft, im Erfurter Landtag mehr als ein Drittel aller Sitze zu bekommen, die sogenannte Sperrminorität. Das heißt: Alle Entscheidungen, die der Landtag mit einer Zwei-Drittel-Mehrheit treffen muss, kann die AfD ab sofort blockieren oder die anderen Parteien erpressen. Die Partei wird regieren, ohne an der Regierung zu sein. Ein unglaublicher Triumph, der dem rechtsextremen Landesverband die Möglichkeit bietet, die Wahl von Verfassungsrichter:innen zu blockieren, bei der Besetzung hunderter Richter- und Staatsanwaltsposten mitzureden oder Einfluss auf die Kontrolle des Verfassungsschutzes zu nehmen.

Diese Wahl wird Deutschland verändern. Wie genau, ist noch nicht absehbar. Aber die Folgen sind schon jetzt zu spüren – in Form von Worten, Gewaltandrohungen, Schlägen, Blicken, Stickern, Gesetzesentwürfen oder Social-Media-Posts. Sie treffen besonders jene, die nicht dem völkischen Abziehbild entsprechen: die anders lieben und begehren als die heterosexuelle Norm, die andere politische Ansichten vertreten, die sich der Erinnerungs-Auslöschung widersetzen, die sich tagtäglich für eine starke Zivilgesellschaft einsetzen. Sie wissen: Angestachelt vom Wahlerfolg ihres parlamentarischen Arms wird die Neue Rechte nicht aufhören, zu jagen, zu hetzen, zu verfolgen, zu verhöhnen.

Der 1. September 2024 ist nicht der Anfang des Aufstiegs radikaler Rechtspopulisten und Extremisten in Deutschland. Aber er markiert möglicherweise ein Ende: Ein Ende der Hoffnung, die AfD ließe sich schon klein kriegen. Ein Ende der Verharmlosung ihrer Positionen als Protest „besorgter

Bürger". Und ein Ende der Möglichkeit, sie politisch und gesellschaftlich zu ignorieren. Es scheint fast unausweichlich: Früher oder später wird die AfD regieren. Zumindest auf Landesebene. Die Frage ist: Wie konnte es so weit kommen? Was hat die Partei vor? Und was steht uns bevor, wenn sie politische Verantwortung übernimmt?

Als die AfD gegründet wurde, ging ich selbst noch zur Schule. Ich erinnere mich vage daran, im Sozialwissenschaftsunterricht über eine neue „Protest-Partei" gegen den Euro zu sprechen. Als sich der rechtsextreme Flügel formierte und kurz darauf Parteigründer Bernd Lucke aus seinem Amt jagte, feierte ich gerade mein Abitur. Es war der Sommer der Migration: Hunderttausende Menschen kamen 2015 nach Deutschland, während die Regierung von Angela Merkel dem Süden Europas eine rigorose Sparpolitik aufzwang, die zahlreiche Menschen den Job und einige das Leben kostete. Befeuert von den Pegida-Protesten und einer Welle der Empörung nach der Kölner Silvesternacht wurde die Partei im folgenden Jahr nicht nur größer, sondern auch immer extremer. Ein Jahr später – ich hatte mich gerade an der Universität eingeschrieben – stimmte Großbritannien für den Brexit und Donald Trump gewann zum ersten Mal die US-Wahl. Ich saß vor dem Fernseher und wusste: Die Welt ist aus den Fugen geraten. Viereinhalb Jahre später veröffentlichte ich als Praktikant meinen ersten Artikel über die Neue Rechte in Deutschland. Kurz darauf ermordete ein Rechtsterrorist in Hanau elf Menschen – und Deutschland feierte Karneval, als sei nichts passiert. Es folgten: Die Corona-Pandemie, das Ende der Merkel-Ära, die russische Großinvasion der Ukraine, steigende Lebensmittelpreise, die

Beobachtung der AfD durch das Bundesamt für Verfassungsschutz und schließlich Massenproteste gegen Rechtsextremismus in Deutschland. Das alles hat der AfD nicht geschadet, sondern sie geradezu beflügelt.

Sie muss ihre Radikalität nicht mehr verstecken – und das bekommen seit Jahren all jene zu spüren, die von der AfD und ihren Anhänger:innen zur Zielscheibe erklärt werden. Auch Einschüchterungsversuche gegen Journalist:innen, die über die AfD berichten, sind inzwischen keine Ausnahme mehr: Die Zahl der körperlichen Angriffe auf Medienschaffende steigt seit Jahren an. Inzwischen sind es dreimal so viele wie noch zwischen 2015 und 2019. Ich selbst bekam im Herbst 2022 meine ersten Drohbriefe. Inzwischen vermeiden Lokaljournalist:innen in bestimmten Regionen aus Angst vor Gewalt die Auseinandersetzung mit Rechtsextremen. Betroffene berichten von eingeschmissenen Fensterscheiben, zerstörten Autoreifen oder unverhohlenen Drohbriefen.

Diese Gewalt entsteht nicht in einem Vakuum. Laut einer Studie der Universität Bielefeld billigt fast ein Viertel der AfD-Wählenden politische Gewalt. Über die Hälfte der befragten AfD-Anhängerschaft sieht sie als Grauzone. Eine *Correctiv*-Recherche aus dem April 2024 zeigt, dass die AfD in ihren Reihen zahlreiche Mandatsträger:innen duldet, die mit körperlicher, verbaler oder indirekter Gewalt aufgefallen sind. Laut Bundesamt für Verfassungsschutz nimmt das rechtsextreme Personenpotenzial in Deutschland seit Jahren zu – genau wie die Zahlen rechtsextremer Übergriffe. Allein im Jahr 2023 zählte die Behörde 25.660 rechtsextremistische Straftaten. Das sind im Schnitt mehr als 70 pro Tag. Im ersten Halbjahr 2024 registrierte die Polizei deutschlandweit 519 Übergriffe auf Flüchtlinge und Asylbewerber:innen.

Die Gewalt prägt längst auch die Kommunalpolitik: Im Oktober 2024 kündigte Neubrandenburgs parteiloser Oberbürgermeister Silvio Witt seinen Rückzug an. Er wurde immer wieder von Rechtspopulist:innen wegen seiner Homosexualität angefeindet. Kurz vor seinem Rücktritt verbot der Stadtrat mit Stimmen der AfD und des BSW, eine Regenbogenflagge am Rathaus zu hissen – nachdem sie zuvor mehrfach geklaut und sogar durch eine Hakenkreuz-Flagge ersetzt wurde. In einem Interview mit der *FAZ* sagte Witt:

> „Insbesondere im kommunalen Bereich heißt es doch oft, AfD-Vertreter seien auch gewählt und normale Menschen, mit denen könne man doch verhandeln. Nein! Die stellen unseren Staat infrage. Die stellen meine Lebensweise infrage, das, was Artikel eins des Grundgesetzes schützt, die Unantastbarkeit der Menschenwürde."

Das Erstarken der AfD beflügelt die Gewaltbereitschaft ihres Vorfelds, das wiederum der Partei den Weg bereitet. Die Anti-Demokraten sind auf dem Vormarsch – innerhalb und außerhalb des Parlaments. Ihre Gewaltbereitschaft ist altbekannt, doch ihre politischen Methoden gleichen nicht denen des 20. Jahrhunderts. Der radikale Rechtspopulismus des 21. Jahrhunderts putscht sich nicht durch einen Staatsstreich an die Macht. Er nutzt die Schwächen der Demokratie, befeuert ihre Probleme und höhlt sie schließlich von innen heraus aus. Schritt für Schritt.

Wie genau das passiert, ist inzwischen relativ gut dokumentiert. Darum geht es in diesem Buch. Es soll einen einfachen Zugang in die Weltsicht, Strategien und Pläne radikaler Rechtspopulist:innen bieten. Oftmals geht es dabei um die AfD, zuweilen auch um ihre ideologischen Vorbilder und Partner in den USA, Italien, Frankreich, den Niederlanden, Ungarn, Polen oder Israel. Dort lässt sich teilweise schon heute sehen, wie eine Regierungsbeteiligung radikaler Rechtspopulist:innen in Deutschland aussehen könnte. Denn die Neue Rechte mag nationalistische Töne anstimmen, aber sie ist international bestens vernetzt. Ihre Parteien und Politiker:innen treffen sich, tauschen sich aus, unterstützen sich im Wahlkampf und entwickeln Best-Practice-Vorgehensweisen, die sich an jeden nationalen Kontext anpassen lassen. Nur wer ihre Vorgehensweise kennt und ihre Argumente entlarven kann, ist gewappnet für die politische und zivilgesellschaftliche Auseinandersetzung mit Rechtsextremismus, die uns in den kommenden Jahrzehnten in Deutschland und der Welt bevorsteht.

Freunde der Sonne: Was ist Populismus?

„Wir sind das Volk, wer seid ihr?"
(Recep Tayyip Erdoğan)

Am 12. Februar 2024 teilt die Autorin und Wissenschaftsjournalistin Mai Thi Nguyen-Kim auf der Plattform X ein Selfie vor dem Bundestag. Dazu kündigt sie an: *„Statement.* Morgen 07:00". Während der Corona-Pandemie wurde Nguyen-Kim mit ihren wissenschaftlichen Erklärvideos als „maiLab" einem Millionenpublikum bekannt. Jetzt scheint sie etwas Neues vorzuhaben. Aber was genau? „Nicht noch eine Partei bitte", kommentiert der *Spiegel*-Journalist Marius Mestermann. Erst kurz zuvor hatte sich das Bündnis Sahra Wagenknecht (BSW) gegründet.

Am folgenden Morgen lädt Nguyen-Kim auf ihrem YouTube-Kanal ihr Statement hoch. In 8 Minuten und 47 Sekunden deutet sie tatsächlich an, in die Politik gehen zu wollen. Der Grund: Sie mache sich „Sorgen um die Zukunft unseres Landes". „Wir können nicht einfach so weitermachen wie bisher", sagt sie mit ernster Miene. Grober Populismus bekomme heutzutage mehr Aufmerksamkeit als sachliche Inhalte. Nguyen-Kim fordert von der Regierung, dagegenzuhalten, „mit Selbstbewusstsein und Vertrauen in uns, die vernünftige Mehrheit." Aber was soll das alles heißen? „Wie sagt man so schön: Wenn du willst, dass es gut wird, musst du es halt selbst machen", sagt sie. Nach ihrem Appell an die „vernünftige Mehrheit" gibt Nguyen-Kim zu, dass sie über keinerlei Erfahrung im politischen Betrieb verfüge. Aber manchmal sei es eben „gar nicht so verkehrt, einen festgefahrenen Betrieb mit einem Außenseiter-Blick aufzuwirbeln". Wie genau sie die Politik aufwirbeln will, verrät sie nicht. Nguyen-Kim vertröstet die Zuschauenden mit einem Verweis auf zukünftige Statements. Doch die vage Ankündigung reicht aus, um ein mittelgroßes mediales Beben auszulösen.

Innerhalb kurzer Zeit sehen mehr als eine Millionen Menschen das Video. „Mai Thi Nguyen-Kim will in Politik" titelt die *taz*, die *Berliner Zeitung* ruft eine Revolution der „Wagenknecht der Wissenschaft" aus. In den sozialen Netzwerken fragen sich viele: Gründet Nguyen-Kim wirklich eine eigene Partei? Tritt sie bei den Europawahlen an? Wen hat sie um sich gesammelt? „Falls das der Beginn einer neuen politischen Bewegung sein sollte, wäre ich erstmals bereit, in eine Partei einzutreten", kommentiert jemand unter ihrem Video.

Die nächste Überraschung folgt einige Tage später, in der Ausgabe ihrer ZDFneo-Show. Der Titel der Sendung: „So werden wir von der Politik ver*rscht". Eigentlich ideale Vorzeichen für weitere Aufregung. Doch anstatt eine Parteigründung zu verkünden oder die Wissenschaftsrevolution der Politik auszurufen, verrät Nguyen-Kim: Ihr Statement war ein Trick. Alles bloß Show, eine kalkulierte Inszenierung. Teil eines Experiments, mit dem die Journalistin ihrem Publikum zeigen will, wie anfällig wir alle für Populismus sind. Schließlich habe sie sich selbst rhetorischer Tricks aus dem Werkzeugkasten der Populist:innen bedient. Zum Beispiel, indem sie die Existenz einer „vernünftigen Mehrheit" behauptete, die unzufrieden mit der aktuellen Politik sei und von der Regierung ignoriert werde. Oder, indem sie verkündete, als Außenseiterin die Politik aufmischen zu wollen, weil die Regierenden eben jener vernünftigen Mehrheit nicht zuhören.

Der Trick geht auf, die Sendung ist in aller Munde – und hinterlässt dennoch Fragen. Ja, Nguyen-Kim spricht von einer „vernünftigen Mehrheit", deren Bedürfnisse die Regierung angeblich ignoriere. Ja, sie verwendet Zuspitzungen und argumentative Tricks, mit denen auch Populist:innen ihre Programme bekleiden. Ja, sie präsentiert sich als Außenseiterin, die den Politikbetrieb aufmischen will – ein Bild, das trotz aller Fakten auch Politiker wie Donald Trump oder Jair Bolsonaro bemühen. Aber reicht das, um als populistisch zu gelten? Ab wann ist ein Statement populistisch? Qualifiziert die Verwendung sogenannter Strohmann-Argumente schon für das Populismus-Etikett? Was ist Populismus überhaupt, ein Stilmittel oder ein politisches Programm? Eine rhetorische Strategie von Politiker:innen mit autoritären Ambitionen? Eine soziale Bewegung der abstiegsbedrohten Mittelschicht? Oder eine Verfallserscheinung der liberalen Demokratie in Zeiten multipler Krisen?

Die Antwort lautet, wie so oft: Es kommt darauf an, wen man fragt. Die einen setzen den Populismus-Begriff mit faschistischer Ideologie gleich, die anderen sehen ihn als Ausweis von Volksnähe und einer einfachen Forderung: Mehr Mitsprache für das einfache Volk in einer repräsentativen Demokratie, in der die Eliten sich vom Durchschnittsmensch entfernt haben. In diesem Fall klingt das Label gar nicht so schlecht. Das findet auch Robert Sesselmann. „Ich freue mich, wenn einer zu mir sagt, du bist Populist", sagte der AfD-Landrat 2018 einem Südthüringer Regionalsender. Auch Claus Weselsky, Ex-Chef der Lokführergewerkschaft GDL, erklärte im Juli 2024 der *Zeit*: „Ich bin populistisch". Seine Begründung: „Populismus ist die Fähigkeit, viele zu begeistern." Und das sei ja erst einmal nichts Negatives.

Weselsky ist mit seiner Auffassung nicht allein. Oft heißt es, Populist:innen seien charismatische Politiker:innen, die Menschen emotional aufpeitschen: „Volksverführer:innen". Oder sie überzeugten die Bevölkerung, indem sie einfache Lösungen für komplexe Probleme anbieten. Aber das ist zu kurz gegriffen. Wer bloß emotionalisierte Politiker:innen und simple Lösungsversprechen sucht, muss nicht bei radikalen Rechtspopulist:innen schauen. Ein offenes Ohr bei Parteitagsreden jeder anderen demokratischen Partei genügt. Wäre das Anpreisen einfacher Lösungen für komplizierte Sachverhalte hinreichend, um jemanden als Populist:in abzustempeln, so würde selbst Olaf Scholz dazu zählen.

Fakt ist: Populist:innen sind mehr als „große Vereinfacher:innen" – und Populismus ist mehr als inszeniertes Außenseitertum, Forderungen nach mehr Bürgerbeteiligung oder das Schwadronieren über eine vermeintlich schweigende Mehrheit. Seit Mitte der 2010er Jahre bedroht der Populismus mit einer anti-pluralistischen Vision der Gesellschaft weltweit die liberale Demokratie. Und einmal an der Macht, entzaubern seine Vertreter:innen sich nicht etwa selbst – wie so oft behauptet –, sondern bauen die Demokratie von innen heraus um. Schritt für Schritt. Das gilt besonders für seine autoritäre Variante von rechts: Im Jahr 2024 ist der globale Rechtspopulismus längst zu einer politischen Kraft geworden, die unsere Gegenwart und unsere Zukunft maßgeblich bestimmt. Umso wichtiger ist es, seinen Charakter genau zu kennen – um ihn trennscharf von demokratischer Politik abzugrenzen.

Das einfache Volk gegen die bösen Eliten

Es ist ein grauer Tag mit viel zu wenig Publikum für seinen Geschmack – und dennoch ein Triumph: Am 20. Januar 2017 steht Donald Trump in roter Krawatte und langem Mantel vor dem Kapitol und legt seinen Amtseid als US-Präsident ab. Ein Lächeln umspielt seine Lippen, als er die Faust in die Höhe reckt. In seiner Antrittsrede verkündet er: „Wir nehmen die Macht von Washington, D.C. und geben sie an Euch, das Volk, zurück." Müsste man den Wesenskern des Populismus auf einen Satz herunterbrechen, könnte man es kaum besser machen.

Das Wort Populismus kommt aus dem Lateinischen. *Populus* bedeutet einfach „Volk". Erstmals wurde der Begriff als Selbstbezeichnung einer Farmer-Bewegung in den USA der 1870er Jahre benutzt, die die eigenen Interessen gegen die Eliten in New York durchsetzen wollte. In den vergangenen

Jahrzehnten diente der Begriff der Beschreibung verschiedener politischer Bewegungen, Ideologien oder Phänomene in den unterschiedlichsten Kontexten. Eine einheitliche Definition gibt es nicht. Der Rechtswissenschaftler Michał Stambulski bezeichnet Populismus deshalb als „politisches Chamäleon, das sich an die lokalen Gegebenheiten anpasst".

„Worüber man sich einig ist: dass alle Formen des Populismus die Ansprache ‚des Volkes' und den Angriff auf ‚die Elite' beinhalten", schreiben die Politikwissenschaftler Cas Mudde und Cristóbal Rovira Kaltwasser. Es sei „einigermaßen unstrittig, dass im Populismus stets das Establishment kritisiert und den einfachen Leuten geschmeichelt wird". Dem stimmt auch Kolja Möller zu, ebenfalls Politikwissenschaftler. Populismus unterscheide immer zwischen dem „Volk" und einer „etablierten Machtstruktur": „Das zentrale Merkmal des Populismus besteht in dem Anspruch, den Willen des ‚Volkes' gegen die ‚Eliten' zu verkörpern". Ganz ähnlich der Politikwissenschaftler Marcel Lewandowsky. Auch für ihn besteht Populismus immer aus zwei Zutaten. Erstens beziehe er sich auf ein Volk, von dem behauptet wird, es habe einen gemeinsamen politischen Willen und sei moralisch gut. Zweitens grenze er sich gegen eine Feindgruppe ab, vor allem gegen „die da oben": eine Elite, die Populist:innen ebenfalls so darstellen, als hätte sie einen gemeinsamen Willen. Im Gegensatz zum guten Volk gilt sie den Populist:innen aber als moralisch verdorben.

Wenn Politiker:innen diese Zweiteilung der Gesellschaft bemühen, kann man laut Lewandowsky von Populismus sprechen. Er betont auch: Welche Menschen oder Gruppen die Populist:innen zur feindlichen Elite zählen, ist von Fall zu Fall unterschiedlich. Es muss sich nicht zwingend um Politiker:innen handeln. Zur Elite können Wissenschaftler:innen zählen, die am öffentlichen Diskurs teilnehmen, oder Menschen, die für das Fernsehen, Radio oder Zeitungen arbeiten – und die Populist:innen oder ihr Programm kritisieren. Bewusst verwechseln sie Meinungsfreiheit mit Widerspruchsfreiheit: Kritisiert jemand sie, behaupten sie, dass eine elitäre Gruppe ihnen den Mund verbieten oder einen bestimmten Lebensstil diktieren möchte. Dann steht das Abendland kurz davor, die Heterosexualität abzuschaffen und Robert Habeck anzubeten, während man heimlich den ökologischen Fußabdruck seiner Nachbar:innen an die Heizungs-Stasi meldet.

Das will natürlich niemand. Was die Bevölkerung wirklich will, das wissen nur die Populist:innen selbst. Zumindest behaupten sie das. Sie tun so, als habe eine Gesellschaft keine Vielzahl an Interessen und Meinungen, sondern einen einzigen, gemeinsamen Willen – und den kennen die Populist:innen natürlich schon. Und sie behaupten nicht nur, genau zu wissen, was „das Volk" will, sondern auch, wie „das Volk" zu reden, zu denken und zu fühlen. Präziser gesagt: Sie behaupten, als einzige den „wahren Volkswillen" wirklich zu kennen und zu vollstrecken. Volksabstimmungen oder Wahlen sind nicht erforderlich, um die Demokratie tatsächlich demokratischer zu machen. Solche Abstimmungen sollen bloß bestätigen, was die Populist:innen ohnehin schon wissen. Und ist das Ergebnis nicht das erwünschte, muss etwas falsch sein: manipulierte Abstimmungen, Verschwörungen, Wahlbetrug. Egal, wie die Erzählung genau lautet, sie dient immer demselben Zweck: Populist:innen deuten ihre eigene Anhängerschaft immer zu

Opfern einer Elite um, die sie permanent betrügt, einer Elite, die Krisen der Welt befeuert und maßlos übertreibt, um die eigene diktatorische Agenda durchzusetzen.

Halten wir also fest: Als Populismus wird gemeinhin ein Anti-Establishment-Kurs von Politiker:innen und Parteien verstanden, die im Namen „des Volkes" gegen vermeintlich finstere Eliten wettern – und sich durch rhetorische Grenzüberschreitungen und eine emotionalisierte Ansprache der Wählerschaft permanent ins Gespräch bringen.

Das bringt uns zurück zu Trumps Amtsantritt 2017 und seinem Versprechen an die Bevölkerung: „Wir nehmen die Macht von Washington, D.C. und geben sie an euch, das Volk, zurück." Trump bemüht sich hier um eine Zweiteilung der Gesellschaft. Das wahre Volk stehe den abgehobenen, volksfeindlichen Eliten im städtischen Ballungsraum von Washington gegenüber, die ihm angeblich die Macht weggenommen haben. Hinzu kommt Trumps Ankündigung, als Auserwählter den vermeintlichen Willen seines gegängelten Volkes zu vollstrecken. Den guten Bürger:innen werde er die Macht zurückgeben, indem er sie selbst übernimmt. Er ist das Volk und begreift sich selbst als Teil jener einfachen Leute, die von den Eliten betrogen wurden – obwohl Trump natürlich kein Außenseiter, sondern als Multimillionär Teil ebenjener urbanen Elite ist, gegen die er die rurale Revolution ausruft. Aber vielleicht ist ihm eine andere Eigenschaft des Populismus deutlich wichtiger, als ernsthafte Elitenkritik zu betreiben.

Warum Populist:innen mehr als „große Vereinfacher:innen" sind

Jan-Werner Müller ist Politikwissenschaftler und Populismus-Experte. Er lehrt Politische Theorie und Ideengeschichte an der amerikanischen Universität Princeton und hat 2016 das Buch *Was ist Populismus?* veröffentlicht. Darin erklärt er, weshalb Populismus mehr als nur die Zweiteilung der Gesellschaft mit zugespitzter Rhetorik ist. Eliten-Kritik sei ein notwendiges, aber kein hinreichendes Kriterium, um Populismus zu erkennen, glaubt er. „Hinzukommen muss noch der dezidiert moralische Anspruch, dass einzig die Populisten das wahre Volk vertreten; alle anderen vermeintlichen Repräsentanten der Bürger seien auf die eine oder andere Art illegitim", so Müller. In anderen Worten: Die in Populismus-Debatten oft beschworene Anti-Establishment-Attitüde greift zu kurz. Der Populismus braucht neben seiner anti-elitären Haltung noch eine weitere Zutat: Anti-Pluralismus.

„Was ich als Kernanspruch aller Populisten bezeichnen möchte, lautet stets ungefähr so", schreibt Müller: „Wir – und nur wir – repräsentieren das wahre Volk". Wer im Namen des Volkes die Eliten kritisiert, ist für Müller also noch kein:e Populist:in. Erst der Anspruch, der *einzig* wahre Vertreter des Volkes zu sein, macht jemanden dazu. Alle anderen – Politiker:innen, Parteien, politische Gegner – sind dann plötzlich Verräter. Sie haben keine Daseinsberechtigung und sind Teil jener mystifizierten Elite, die sich angeblich gegen den wahren Volkswillen verschworen hat. Wer so denkt, sieht sich selbst auch nicht im fairen Wettstreit mit politischer Konkurrenz um die Gunst verschiedener Wählergruppen, sondern behauptet, als einzige:r all jene zu repräsentieren, die zum „wahren Volk" zählen – und die angeblich von den Eliten ignoriert und vergessen werden.

Wenn populistische Politiker:innen sich an die Spitze von Demonstrationen setzen, die mit Galgen und Flaggen durch die Innenstädte ziehen und „Wir sind das Volk!" skandieren, dann meinen sie laut Müller also vielmehr: „*Nur* wir sind das Volk, alle anderen haben kein Recht auf politische Repräsentation oder gar Macht und Einfluss". Müller nennt das einen „moralischen Alleinvertretungsanspruch". Erst der mache Populist:innen wirklich aus – und ihr Verhältnis zur Demokratie so problematisch: Schließlich werden so alle, die anders denken – Bürger:innen, Demonstrierende, Wissenschaftler:innen, Medienschaffende, Intellektuelle oder Abgeordnete –, als illegitim abgestempelt. Sie zählen nicht zum wahren Volk. Sie sind der Feind.

Bei der AfD klingt das zum Beispiel so, dass die politische Konkurrenz ein „Kartell" sei, „das die Schalthebel der staatlichen Macht und die gesamte politische Bildung eisern im Griff hat". Die Partei behauptet: „Nur das Volk kann diesen selbstherrlichen Gewaltinhabern die illegitime Macht wieder entreißen". Für die AfD haben alle anderen „Altparteien" sich gegen „das Volk" zu einem Kartell verschworen. Ihre politischen Mitbewerber sind für sie keine Gegner, sondern der Feind. Sie müssen nicht inhaltlich geschlagen, sondern gleich vernichtet werden.

Das heißt: Zugespitzte Argumente, vereinfachte Weltsicht, Außenseitertum in der Politik, Elitenkritik, charismatische Politiker:innen – das sind Phänomene, die unter populistischen Bewegungen besonders beliebt sind. Sie allein sind aber noch kein Ausweis einer populistischen Weltanschauung. Dafür muss man die Person, Partei oder Bewegung als Ganze betrachten. Ein Beispiel: Wenn CDU-Politiker Friedrich Merz in einer Talkshow Menschen mit tatsächlichem oder nur zugeschriebenen Migrationshintergrund als „kleine Paschas" bezeichnet, dann ist das eine kalkulierte rassistische Grenzüberschreitung, wie sie auch Populist:innen oft nutzen, um sich ins Gespräch zu bringen. Aber es macht Friedrich Merz noch nicht zu einem Populisten. Schließlich erkennt er die Daseinsberechtigung anderer Parteien und Politiker:innen in einer repräsentativen Demokratie an. Er sieht sie als Gegner, aber nicht als illegitimen Feind, den es zu beseitigen gilt.

Um diesen Unterschied zu unterstreichen, definiert Jan-Werner Müller Populismus als eine „Politikvorstellung, laut der einem moralisch reinen, homogenen Volk stets unmoralische, korrupte und parasitäre Eliten gegenüberstehen – wobei diese Art von Eliten eigentlich gar nicht wirklich zum Volk gehört". Müllers Definition macht die antidemokratische Tendenz der Populist:innen deutlich: Sie behaupten, allein den wahren Volkswillen zu vollstrecken und zu verkörpern. Dabei geht es ihnen darum, demokratische Institutionen in Verruf zu bringen, die nicht von ihnen selbst gelenkt werden. Wer behauptet, als einziger einen wirklich legitimen Machtanspruch zu haben, der meint folglich auch: Diejenigen, die aktuell über Macht verfügen, haben sich die Macht nur auf unrechtmäßige Art und Weise erschlichen. Sie müssen entfernt und bekämpft werden – genau wie jene Institutionen und Prozesse, die sie an die Macht gebracht haben: Wahlen, Abstimmungen, Debatten, Gewaltenteilung. Und irgendwie müssen Populist:innen, solange sie in der Opposition sind, dann auch noch erklären, warum ihre Partei in der Realität eben keine Mehrheiten erzielen kann. In solchen Momenten greifen sie auf Verschwörungstheorien zurück. Sie erklären die Wirklichkeit zur Diktatur und Tyrannei, zu einem Unrechtsstaat, in dem alle anderen Parteien sich hinter den Kulissen gegen „das Volk" verschworen haben. Als Unterstützer dieser „Tyrannei" – und damit als Feindbild – können all jene dienen, die in irgendeiner Form über kulturelle, wirtschaftliche oder politische Macht verfügen oder denen man solche Macht zumindest zuschreibt: die Regierung, demokratische Institutionen, Unternehmen, Parteien, Medien, Wissenschaftler:innen oder Aktivist:innen.

Weil diese Argumentation sowohl von links als auch von rechts denkbar ist, bezeichnen die Politikwissenschaftler Mudde und Kaltwasser Populismus als „dünne Ideologie, nach der die Gesellschaft letztlich in zwei homogene antagonistische Lager gespalten ist": Auf der einen Seite das anständige Volk, auf der anderen Seite eine „korrupte Elite". Weil diese Aufteilung der Gesellschaft aber immer noch recht vage ist, verbindet sich Populismus in der Regel mit anderen Ideologien, sagen sie. Also mit anderen Weltanschauungen: Die Gleichung „Populismus + X" ergibt dann Rechts- oder Linkspopulismus, je nachdem.

Das „wahre" Volk als Unterscheidungskriterium

Einige Monate bevor er die US-Wahl 2016 gewann, erklärte Donald Trump während einer Wahlkampfveranstaltung: „Das einzig Wichtige ist die Einheit des Volkes – denn die anderen Menschen bedeuten nichts". Der Satz wirkt im Vergleich zu anderen Aussagen Trumps geradezu unspektakulär, ist aber dennoch interessant. Denn immer wenn Populisten vom „Volk" sprechen – und besonders wenn sie sagen, alle anderen Menschen bedeuten „nichts" –, wirft das die Frage auf: Wer ist dieses „Volk" – und wer nicht?

Populist:innen müssen nicht zwingend nationalistisch oder rassistisch sein. Aber sie brauchen ein Unterscheidungskriterium, das das einfache, gute Volk von den abgehobenen, hinterlistigen Eliten und ihren Verbündeten trennt. Sie müssen festlegen, wer zu den „Guten" gehört und wer nicht. Rechtspopulist:innen ziehen diese Grenze nach rassistischen Kriterien. In ihrer Vorstellung gehen die abgehobenen Eliten eine Allianz mit parasitären Migranten und Ausländerinnen ein, die genau wie die Eliten selbst nicht zum „wahren" Volk gehören: Gemeinsam befeuern sie den Untergang des Abendlandes oder des Westens.

Rechtspopulist:innen teilen die Gesellschaft also nicht in zwei, sondern in drei Gruppen ein. Sie unterscheiden zwischen der Wir-Gruppe (wir hier unten), der Elite (die da oben) und dem ethnisch definierten Feindbild (die da draußen). Sie grenzen die eigene Wir-Gruppe also nach oben und nach außen ab. „Die da oben" sind die inneren Feinde, die sich vermeintlich gegen das Volk verschworen haben. Die äußeren

Feinde sind im Fall des Rechtspopulismus andere ethnische oder religiöse Gruppen. Oder schlichtweg all jene, die nicht in das Bild des weißen deutschen, amerikanischen, französischen, italienischen oder ungarischen Volkes passen. Vor allem Menschen muslimischen Glaubens. Oder solche mit Migrationsgeschichte aus mehrheitlich muslimischen Ländern.

Wenn radikale Rechtspopulist:innen vom „Volk" reden, dann meinen sie eine grundsätzlich homogene Einheit, deren Identität wichtiger ist als Gewaltenteilung und Rechtsstaatlichkeit. Der Verfassungsrechtler Maximilian Steinbeis beschreibt diese imaginierte Volksidentität als eine Art „Metaverfassung", die gegen die tatsächliche Verfassung und ihre Institutionen in Stellung gebracht werden kann. Das Parlament ist dann

> „nicht länger der Ort, an dem sich das repräsentierte Volk als Freie und gleiche Verschiedene begegnen und seine Gegensätze produktiv auf Dauer stellen kann, sondern der Ort, an dem das ‚Volk' sich und seine Identität gegen das Andere, Fremde, Feindliche und alle, die es repräsentieren, verteidigt."

In anderen Worten: Das ethnisch „reine" Volk ist wichtiger als die Verfassung.

Das wirft eine zentrale Frage auf: Wo verläuft die Grenze zwischen Rechtspopulismus, Faschismus, Rechtsextremismus und Rechtsradikalismus? Der große Unterschied des Rechtspopulismus zum historischen Faschismus besteht darin, dass Rechtspopulist:innen in der Regel nicht offen die Abschaffung der Demokratie fordern, sondern die angebliche Erfüllung ihres Kernversprechens: Volksherrschaft. Sie wollen keinen „neuen Menschen" erschaffen wie Mussolini oder Hitler, sondern fordern die Akzeptanz des Banalen und Alltäglichen. Sie wollen zurück in eine idealisierte, ethnisch reine Vergangenheit, die so nie existiert hat und also erst hergestellt werden muss.

Der Politikwissenschaftler Cas Mudde unterscheidet zudem die *radikale* und *extreme* Rechte anhand ihres Verhältnisses zur liberalen Demokratie. Demnach gehören zur extremen Rechten all jene, die das demokratische System zugunsten einer anderen Systemform abschaffen wollen. Die radikale Rechte wiederum akzeptiert zwar Kernelemente der Demokratie, lehnt aber grundlegende Bestandteile wie Minderheitenrechte, Gewaltenteilung und Rechtsstaatlichkeit ab. Parteien wie die AfD, die Fratelli d'Italia oder der Rassemblement National sind demnach alle rechtsradikale und populistische Parteien, die zahlreiche Rechtsextremist:innen in ihren Reihen haben. Der Übergang ist oft fließend. Immer aber gilt: Rechtspopulismus ist in sich radikal. Er vereint Populismus mit radikaler Ideologie. Er geht bis an die Grenzen der Verfassung. Und selbst wenn er nicht extremistisch ist, also die Verfassung umwerfen will, so bietet er doch Extremist:innen eine Plattform.

Nachdem Trumps „Running Mate", J. D. Vance, im Juli 2024 eine stramm nationalistische Rede auf dem Parteitag der Republikaner in Michigan gehalten hatte, schrieb der Autor John Ganz deshalb passend zu den Streitigkeiten um Begrifflichkeiten und Grenzziehungen:

> „Wir haben eine ‚populistische' Bewegung mit einer vorgetäuschten antikapitalistischen Rhetorik, die sich nationalisti-

scher Mythen bedient. Sie wird von einem charismatischen Führer angeführt und gewinnt nun eine reaktionäre Großunternehmerelite für ihre Sache. Nennen Sie es, wie Sie wollen."

Der Publizist Paul Mason wiederum schreibt, dass Rechtspopulisten, Rechtsextreme und autoritäre Konservative ein gemeinsames „Gedankengebäude" bewohnen. Es ist „ein Gebäude mit zahlreichen Eingängen, unterschiedlichen Fassaden und mehreren Stockwerken", schreibt er in seinem Buch *Faschismus – und wie man ihn stoppt*. Jeder lebt in seinem eigenen Zimmer, „aber auf den Fluren wird man stets Faschisten begegnen."

Das Gedankengebäude

> „Die Zielgruppen sind immer die gleichen, dem Hass fehlt fast immer die Phantasie."
> (Antonio Scurati)

> „Normalität hat eine deskriptive und eine normative Bedeutung."
> (Georges Canguilhem)

Stellen Sie sich einen kleinen Selbstbedienungsladen vor. Niedrige Decken, ein Schaufenster, verstaubte Weinflaschen. Aus nebeneinander gereihten Boxen können Sie sich mit dem Wichtigsten versorgen. Die Grundnahrungsmittel sind immer da, genau wie eine Kaugummi- und Süßigkeiten-Auswahl. Hinter der Kasse blättert ein alter Mann durch die Zeitung und hievt murrend ihr Gemüse auf die Waage, bevor er all ihre Einkäufe abscannt. Nach genau diesem Prinzip des alten Selbstbedienungsladens funktioniert die Ideologie des radikalen Rechtspopulismus. Je nachdem in welchem Land und in welcher Stadt wir uns befinden leben, picken sich die radikalen Rechtspopulist:innen Einzelstücke verschiedener rechter Ideologien und Verschwörungserzählungen heraus, vermischen sie und basteln sich daraus ihre ganz eigene Welterklärung. Um beim Bild des Selbstbedienungsladens zu bleiben: Die Kund:innen greifen zu unterschiedlichen Mengen verschiedener Angebote, aber alle kaufen im selben Laden ein. Und dieser Laden hat ein feststehendes Angebot, aus dem überhaupt gewählt werden kann.

Übertragen auf Rechtspopulismus bedeutet das: Feindbilder und Verschwörungserzählungen unterscheiden sich in Einzelheiten, je nach Kontext und Ausprägung der Partei oder Bewegung. Aber radikale Rechtspopulist:innen bedienen sich stets aus einem gemeinsamen ideologischen Grundangebot: Sie teilen ein ähnliches Verständnis von Volk und Kultur, das sich zwar auf den ersten Blick vom klassischen Rassismus abhebt – bei genauerem Hinsehen aber dasselbe Denken fortführt. Sie alle beschwören den Untergang eben jenes Volkes, das sie so vehement lobpreisen. Und seit den 2010er Jahren bedienen sie alle eine gemeinsame Erzählung, die sämtliche Elemente und Feindbilder der radikalen Rechten in sich vereint.

Rassismus in neuem Gewand

Das Kunststück war gelungen: Sechs Monate, nachdem seine radikal rechtspopulistische PVV-Partei bei den Parlamentswahlen im November 2023 erstmals stärkste Kraft geworden war, verkündete Geert Wilders die Bildung einer Regierung. Der parteilose frühere Chef des Geheimdienstes und der Anti-Terrorismusbehörde, Dick Schoof, solle neuer Regierungschef der Niederlande werden. Ein Moment des Triumphs für

Wilders. Nachdem er jahrzehntelang dafür gekämpft hatte, rückte mit den Niederlanden eines der Gründungsmitglieder der Europäischen Gemeinschaft weit nach rechts. Wilders versprach „die strengste Asylpolitik, die es jemals gab", und eine drastische Einschränkung der Zuwanderung.

Das war seit jeher seine Mission. Wilders war 2006 aus der konservativ-liberalen VVD ausgetreten und hatte mit der PVV („Partei für die Freiheit") eine Partei gegründet, deren einziges Mitglied er selbst ist. Von Beginn an hat er vor allem auf ein Thema gesetzt: seine Feindschaft gegenüber dem Islam. Während andere radikale Rechtspopulist:innen gegen Homosexualität hetzen, inszenierte Wilders sich als Verteidiger eines liberalen, modern-europäischen Lebensstils, der angeblich massiv durch den Islam bedroht sei. Der Islam sei keine Religion, sondern eine mit westlichen Werten unvereinbare Kultur. „Die Menschen sind gleich, aber die Kulturen nicht", schrieb er im Juni 2022 auf der Plattform X.

Kürzer lässt sich das biologisierte Volksverständnis des radikalen Rechtspopulismus nicht zusammenfassen. Denn fast sämtliche Spielarten des Rechtspopulismus, zumindest in Europa, vermeiden den Begriff der „Rasse". Stattdessen maskieren sie ihr rassistisches Weltbild hinter Begriffen wie Kultur, Ethnie, Abendland oder Zivilisation. All diese Konzepte spielen mit der Fiktion eines homogenen Volkskörpers und greifen dabei auf eine größere Idee zurück, die seit den 1970er Jahren an Einfluss gewann. Damals begründete der französische Rechtsintellektuelle Alain de Benoist die Theorieschule der Neuen Rechten. Diese Denkschule, die sich von der „alten Rechten" des Faschismus und Nationalsozialismus distanzieren wollte, fasste schnell in ganz Europa Fuß. Und eines ihrer bedeutendsten Konzepte ist der sogenannte Ethnopluralismus.

Der Begriff „Ethnopluralismus" setzt sich aus dem griechischen *ethnos* und dem lateinischen *pluralitas* zusammen. Das bedeutet „Volk" und „Mehrzahl". „Ethnopluralismus" heißt also so etwas wie „Völkervielfalt". Das klingt erst einmal positiv. Wie bei Geert Wilders, der sagt: Die Menschen sind gleich. Doch anschließend kommt das Aber. Denn das Konzept enthält zwar das Lippenbekenntnis, dass verschiedene Völker gleich viel wert seien, behauptet aber, sie hätten unveränderliche kulturelle Identitäten, die nicht miteinander kompatibel seien. Auch wenn sie nicht von „Rassen" sprechen, ordnen Ethnopluralist:innen Menschen also einer Gruppe zu und schreiben dieser Gruppe quasi-biologische – also unveränderliche – Eigenschaften zu.

Der Mechanismus der Abgrenzung funktioniert dabei immer gleich: Man behauptet, Unterschiede zwischen Menschen seien „natürlich" und unüberwindbar. Deshalb verachten radikale Rechtspopulist:innen auch sämtliche Ideen, die die Gleichheit aller Menschen befürworten. Sie glauben, „widernatürliche" Vermischung führe zum Untergang der „weißen Rasse" oder der „westlichen Kultur". Die Neue Rechte versucht, diesen Rassismus positiv zu maskieren, und fordert ein „Recht auf kulturelle Differenz". Sie will, dass unterschiedliche Kulturen sich strikt voneinander abgrenzen und auf innere Homogenität achten. Denn je homogener, also je einheitlicher die Gruppe, desto besser und stärker sei angeblich der „Volkskörper". Und desto weniger Konflikte gebe es innerhalb der Gruppe. Die Behauptung, dass ethnische Homogenität zu weniger Konflikten führe, ist eines der Hauptthemenfelder, die der Rechtspopulismus bespielt – und dabei immer impliziert, dass die Zugehörigkeit zu einer Kultur quasi-biologische Eigenschaften mit sich bringe. Kritiker:innen sprechen deshalb auch von einem „Rassismus ohne Rassen".

Die EU: Globalistenmaschine oder Erfüllungsgehilfe der radikalen Rechtspopulisten?

Auch wenn Rechtspopulist:innen sich oft für ihr eigenes Land oder ihre Kultur stark machen, gibt es das Konzept auch in einer überregionalen Version: Fremdenfeindlichkeit, die sich hinter einer Europa-Flagge versteckt. Darauf weist der Publizist Hans Kundnani in seinem Buch *Eurowhiteness* hin. Er spricht von „Ethnoregionalismus". Anstatt sich auf ein national definiertes Volk zu berufen, appellieren Rechtspopulist:innen dieser Spielart an eine „europäische Zivilisation", die es zu verteidigen gelte. Gegen Muslime, Ausländerinnen, China und Russland.

„Die extreme Rechte in Europa spricht nicht nur im Namen ihrer Nation gegen Europa, sondern auch im Namen Europas – insbesondere im Namen einer von außen bedrohten ‚Europäischen Zivilisation', die sich gemeinsam verteidigen müsse", sagt Kundnani. Er verweist damit auf einen wichtigen Punkt. Denn besonders während und unmittelbar nach der Eurokrise wollten viele populistische Bewegungen aus der Europäischen Union austreten. Der Grund: Die EU steht für sie sinnbildlich für einen „Globalismus", der nationale Identitäten und Kulturen im Namen einer internationalisierten Wirtschaftspolitik zerstört. Für ein Bürokratiemonster, das den Nationalstaaten die Souveränität wegnimmt. Und für eine Gruppe von „Globalist:innen", die hinter den Kulissen und ohne demokratische Legitimation über das Schicksal der Menschen entscheiden. Der AfD-Politiker Peter Bystron sagte einmal, es seien „Globalisten", „die uns zwangsimpfen wollten, die uns enteignen wollten, die uns ja im Prinzip versklaven wollen".

Im Gegensatz zu den extremen Stimmen der AfD fordert der Großteil der radikalen Rechtspopulist:innen heute jedoch nicht mehr den EU-Austritt oder deren Abschaffung. Einerseits, weil die Folgen des Brexit gezeigt haben, wie fatal das für die Wirtschaft eines Landes sein kann. Andererseits, weil die radikale Rechte in der EU seit Jahren an Macht gewonnen hat. Inzwischen bestimmen sie die Agenda der EU maßgeblich mit. Das hat zu einem Sinneswandel geführt: Sie wollen die EU von innen heraus für ihre eigene Agenda nutzen. Auch hier wird deutlich, wie flexibel die Weltbilder der radikalen Rechtspopulist:innen sind. Mal ist das Volk, das es zu beschützen gilt, deutsch, mal europäisch, mal ist es die westliche oder „weiße" Zivilisation. Aber immer ist das Überleben dieses Volkes und sein vermeintlicher Wille wichtiger als Grundgesetz und Gewaltenteilung. Und Feindbild sind besonders häufig Muslim:innen. Auch außerhalb Europas.

Der ewige Untergang des Abendlandes

Eines der ersten Vorhaben, die Trump nach seinem Amtsantritt im Januar 2017 in Angriff nahm, war der sogenannte „Muslim Ban". Das Dekret sollte Menschen aus verschiedenen muslimischen Ländern für mehrere Monate die Einreise verwehren. Syrische Bürger:innen sollten dauerhaft ausgeschlossen werden. Selbst konservative republikanische Politiker:innen hatten vor einem solchen Schritt gewarnt, da er gegen die Verfassung und mehrere internationale Abkommen verstoßen würde. Trump ignorierte sie – und versprach seiner Wählerschaft, der „Muslim Ban" bringe endlich Sicherheit. Doch er hatte seine Rechnung ohne die unabhängige Justiz einer liberalen Demokratie gemacht.

Bereits am ersten Tag nach der Unterzeichnung blockierten mehrere Gerichte die Umsetzung des Dekrets. Der „Muslim Ban" war weniger als eine Woche in Kraft, als ein Bundesrichter ihn kassierte. Trump kündigte an, den Fall bis zum Obersten Gerichtshof der USA zu bringen. „Manche Dinge sind Gesetz, und andere sind gesunder Menschenverstand", sagte er. „Das hier ist gesunder Menschenverstand." Trump war erbost, weil ein Richter ihn – den Präsidenten – stoppen konnte: „Wie weit ist es mit unserem Land gekommen, wenn ein Richter ein Einreiseverbot stoppen und jeder, sogar mit bösen Absichten, in die USA kommen kann?"

Der Fall macht nicht nur Trumps Rassismus deutlich, sondern auch seine Ablehnung grundlegender demokratischer Prinzipien wie Gewaltenteilung und Rechtsstaatlichkeit. Für ihn steht der Volkswille, den er natürlich selbst verkörpert, über dem Gesetz. Gleichzeitig wollte Trump mit dem „Muslim Ban" vor allem eins: Signalisieren, dass er etwas gegen den drohenden Untergang des weißen Amerikas tut.

Es ist fast ein wenig langweilig: Seit über hundert Jahren reden rechte Theoretiker:innen über den angeblich nahen „Untergang des Abendlandes". Oder wahlweise über die drohende Katastrophe für das Volk, Europa, den Westen oder die USA. Dieses ängstlich-lüsterne Untergangsdenken, eine Extremform des sogenannten Kulturpessimismus, ist Kernstück aller rechtspopulistischen Erzählungen. Bei AfD-Rechtsaußen Björn Höcke klingt das so: „Der Multikulturalismus, der Materialismus, der Konsumismus, der Hedonismus, der Narzissmus, die Vereinzelung, kurz: die Dekadenz hält Westeuropa fest im Griff", so Höcke. Sie habe „die Selbstbehauptungskräfte ... der westeuropäischen Völker fast vollständig erlahmen lassen".

Für Höcke ist „die Moderne selbst" eine „Verfallsform". Der Nationalstaat befinde sich im Niedergang, die Deutschen hätten ihre „Männlichkeit" leider vor langer Zeit verloren und seien nicht mehr in der Lage, sich gegen Aggressionen von außen zu wehren. Die „jetzige Form des Finanzkapitalismus" bezeichnet Höcke in alter rechtsextremer Tradition als eine „Degenerationsform der Marktwirtschaft" und all diese Entwicklungen zusammen sprächen eine eindeutige Sprache: Nicht nur Deutschland, die ganze westliche Zivilisation ist auf dem Weg in die Apokalypse. „Wir erleben die finale Auflösung aller Dinge", glaubt er. Höcke ist vom Untergang besessen. Und ist damit nicht allein.

Wer die Untergangslust des radikalen Rechtspopulismus verstehen will, muss einen Schritt zurück machen: Rechtspopulist:innen mystifizieren das eigene Volk und dessen Kultur als etwas Ewiges, als eine Art überzeitliche Schicksalsgemeinschaft. Teil dieser Gemeinschaft zu sein, gleicht einer quasi-religiösen Erfahrung, es ist ein spirituelles Erlebnis. Aber Teil der großen Weltdeutung des radikalen Rechtspopulismus ist eben auch: Immer befindet sich die eigene Gruppe und deren Kultur im Niedergang. Die größtmögliche Katastrophe droht: Das Ende dieser Gemeinschaft und seiner großartigen Kultur, die der Welt – im deutschen Fall – so zahlreiche „Dichter und Denker" geschenkt hat, die mehr Beachtung finden sollen als die Shoah.

In den meisten Erzählungen der Rechten ist der Katastrophenfall bereits eingetreten oder steht kurz bevor. Die Zeichen sehen sie überall: auf den Straßen, in den Krisen der Welt, anhand der Scheidungsraten oder neuer Heizungsgesetze. Die „Auflösung aller Dinge" abzuwenden, ist nur noch in einem letzten Kraftakt des Volkes möglich. Quasi in einem Kampf um Leben und Tod, der alle Mittel rechtfertigt. Genau das ist dann das politische Ziel des radikalen Rechtspopulismus: die Wiederherstellung der Einheit und der „Normalität". Oder, in den Worten des britischen Historikers Roger Griffin: die „Wiedergeburt" des Eigenen.

Nicht nur Björn Höcke, sondern die gesamte AfD ist ein Paradebeispiel für das ängstlich-lüsterne Spiel mit diesen Untergangserzählungen. Die Partei behauptet, Globalisierung und europäische Integration hätten die Souveränität Deutschlands ausgehöhlt. Die Einführung des Euro sowie die Euro-

Rettungspolitik nach der Wirtschaftskrise 2008 hätten die deutsche Wirtschaft geschwächt. Feminismus und übersteigerter Individualismus bedrohten die „natürliche" Geschlechterordnung der heteronormativen Familie und seien eine wesentliche Ursache dafür, dass die Deutschen immer weniger Kinder bekommen. Und Migration und Multikulti hätten Parallelgesellschaften hervorgebracht, die Land, Identität und Kultur bis zur Unkenntlichkeit entstellt hätten.

Ähnlich apokalyptisch klingt die Beschreibung der Gegenwart bei Trump, Orbán oder Le Pen. Klar: Eine Partei oder Bewegung, die von der Bewirtschaftung gesellschaftlicher Probleme und Krisen lebt, muss diese Probleme so groß wie möglich reden. Doch gleichzeitig machen radikale Rechtspopulist:innen ihrer potenziellen Wählerschaft auch immer deutlich: Dieser Niedergang des Eigenen ist kein schicksalhafter objektiver Prozess, sondern das Ergebnis einer verfehlten und mutwillig herbeigeführten Politik der „Eliten", die sich mit dunklen Mächten gegen das Volk verschworen habe. Diese Eliten sind „globalistisch" und „kosmopolitisch", eine Gruppe aus Politik, Wirtschaft und Medien, deren Ziel es ist, die alten, „normalen" Zeiten abzuschaffen. Um das Eigene zu retten, müssen sowohl die Schuldigen als auch die inneren und äußeren Feinde bekämpft werden – und die Populist:innen versprechen: Wählt uns, wir bringen euch die alte Normalität zurück.

Deutschland, aber normal?

Deutschland, aber normal. Das wünscht sich die AfD und verspricht in Auftritten und Erzählungen die Wiederherstellung einer vermeintlichen Vergangenheit, in der man noch ohne schlechtes Gewissen Verbrenner fahren konnte, das N-Wort benutzte und über sexistische Witze lachte. Menschen mit Migrationsgeschichte waren noch „Ausländer" und Politiker vor allem Männer. 2021 schaltet die Partei einen Wahlwerbespot, der diese Erzählung in romantischen Bildern kondensiert. Darin erzählt sie von einer verflossenen Zeit, von einer heilen Welt, bevor die krisengebeutelte Gegenwart sich Bahn brach.

„Die Welt um uns herum, die ist irgendwie so verrückt geworden", sagt eine sorgenvolle Erzählerstimme, während Klimaaktivistinnen, eine Antifa-Flagge und brennende Barrikaden zu sehen sind. Die Partei träumt von einer Gesellschaft, die sie als „normal" sieht: Die weiße Familie mit weißen Kindern, die sich glücklich ein Gläschen zuprostet und seltsamerweise Kürbisse auf dem Tisch liegen hat. Eine Welt, in der blonde Mädchen noch rosafarbene Kleidung tragen. Eine Welt mit Gartenzwergen, Gartenzäunen, Deutschlandfähnchen, Schlössern und Wäldern und Fußballvereinen, in der das oberste Lebensmotto des urdeutschen Freiheitsfetischismus gilt: „Freie Fahrt für freie Bürger".

Aus all dem folgt im Umkehrschluss, was die AfD für unnormal hält: Menschen, die für mehr Klimaschutzpolitik eintreten. Familien ohne Kinder. Paare, die nicht heterosexuell lieben. Geschwindigkeitsbegrenzungen auf Autobahnen. Nicht-weiße Menschen. Alles Zeichen des gesellschaftlichen

Untergangs. So wie die AfD in ihrem Wahlwerbespot zeichnen radikale Rechtspopulist:innen mal extrem, mal etwas subtiler das Idealbild eines vergangenen Idylls, und versprechen ihren Wähler:innen, das verlorengegangene Paradies zurückzubringen. Deutschland, aber normal. *Make America Great Again*. Immer spielt diese Normalitätsvorstellung mit der Sehnsucht nach einer Zeit, die so nie existiert hat, und deshalb erst hergestellt werden muss. Sie bildet die Kontrastfolie zu einer Gegenwart, in der die vermeintliche Normalität durch eine große Verschwörung zerstört wurde.

Der Große Austausch: Verschwörungsstoff fürs Volk

Während seines Exils in den Vereinigten Staaten schrieb der Münchner Jurist und Politikwissenschaftler Karl Loewenstein 1937 einen Satz, der bis heute nicht an Gültigkeit verloren hat: „Die Geschichte lehrt uns, dass Ideen tödlich sein können". Loewensteins Denken stand damals stark unter dem Einfluss der Machtübernahme der Nationalsozialisten. Ihn beschäftigte die Frage, wie die Demokratie sich gegen Feinde wappnen kann, die keinen Staatsstreich planen, sondern die Demokratie von innen kapern wollen: durch Wahlerfolge.

Loewenstein gilt heute als Begründer der „wehrhaften Demokratie". Und seine Warnung über die Gefahr von Ideen ist aktueller denn je: Im Namen radikaler Erzählungen und

Ideologien stürmen Menschen das Kapitol in den USA und den Kongress in Brasilien. Gewaltbereite Gruppen wie die „Sächsischen Separatisten" oder das Reichsbürger-Netzwerk um Heinrich XIII. Prinz Reuß planen den bewaffneten Umsturz in Deutschland. Putin überfällt die Ukraine, um seine Idee eines eurasischen Großreiches zu verwirklichen. Autoritäre Herrscher in Indien, Israel und Ungarn bauen ihre Macht aus, während in den Niederlanden erstmals die rechtsextremen Freiheitspartei Teil der Regierung ist und Donald Trump triumphal ins Weiße Haus zurückkehrt. Sein Wahlsieg wird vor allem eine Staatschefin in Europa noch mächtiger machen: Georgia Meloni, die Italien seit Oktober 2022 regiert und aus ihren Wurzeln im italienischen Faschismus nicht einmal ein Geheimnis macht.

Als Regierungschefin hat Meloni im Namen von „Gott, Familie und Vaterland" die Seenotrettung im Mittelmeer erschwert, die Versammlungsfreiheit und die Rechte queerer Familien eingeschränkt, Sozialleistungen gekürzt und einen Deal mit Albanien eingefädelt, um Asylanträge in das Nachbarland auszulagern. Gleichzeitig will sie das Wahlrecht ändern und zahlt traditionellen Familien mit niedrigem Einkommen einen 100-Euro-Bonus. Kurz: Migrant:innen sollen draußen bleiben, queere Menschen unsichtbar sein und traditionelle Familien mehr Kinder bekommen.

Interessanter als Melonis konkrete Politik ist die Frage nach ihren Beweggründen: Sie behauptet immer wieder, dass Italien vor einem demografischen Zusammenbruch stehe. Die Geburtenrate sei zu niedrig und die italienische Bevölkerung sterbe aus. Mal spricht sie von einer „Invasion" durch

Migrant:innen, mal von einem „ethnischen Austausch" der Bevölkerung. Ihr zentrales Argument bleibt aber stets gleich: Die Geburtenzahlen seien viel zu niedrig und eine linke Elite verfolge den Plan, durch die Aufnahme von Geflüchteten die „echten" Italiener nach und nach zu ersetzen.

Meloni ist mit diesen Ansichten nicht allein. Auch Viktor Orbán, Ungarns Präsident, greift diese Verschwörungserzählung regelmäßig auf. Er warnt vor einem „selbstmörderischen Versuch, die fehlenden europäischen, christlichen Kinder durch Erwachsene aus anderen Kulturkreisen – Migranten – zu ersetzen." In den USA vertreten viele Republikaner oder auch der ehemalige Fox-News-Moderator Tucker Carlson ähnliche Thesen: Sie behaupten, die Demokraten wollten die weiße Bevölkerung austauschen. In Frankreich wird die Verschwörungstheorie des „Großen Austauschs" sowohl von Marine Le Pen und dem Rassemblement National als auch von konservativen Politiker:innen schon lange debattiert. In Deutschland wiederum verbreiten AfD-Politiker:innen die Idee. Irmhild Boßdorf beispielsweise spricht von einem „menschengemachten Bevölkerungswandel", während Bettina Kundla, eine ehemalige CDU-Abgeordnete, 2016 behauptete, Merkels Flüchtlingspolitik führe zu einer „Umvolkung". Umfragen zeigen, dass mittlerweile ein Drittel der Erwachsenen in den USA an die Theorie des „Bevölkerungsaustauschs" glaubt; in Frankreich sind es sogar zwei Drittel.

Wie tödlich diese Idee sein kann, verdeutlichen zahlreiche rechtsextremistische Anschläge der letzten Jahre. In Orten wie Utøya, Pittsburgh, Christchurch, El Paso, Halle, Buffalo und Bratislava wurden insgesamt 175 Menschen durch rechtsextreme Gewalttäter getötet. Die Attentäter stammen aus verschiedenen Ländern und hatten unterschiedliche Hintergründe, doch ein entscheidender Punkt verband sie: Sie rechtfertigten ihre Gewalttaten als Abwehrkampf gegen den „Großen Austausch".

Politiker:innen wie Giorgia Meloni und Viktor Orbán verbreiten also dieselbe Verschwörungstheorie, die von Rechtsterroristen zur Legitimation ihrer Gewalttaten angeführt wird. Der Mythos des „Bevölkerungsaustauschs" ist mittlerweile fester Bestandteil des ideologischen Repertoires radikaler Rechtspopulist:innen. Wer sich diese Verschwörungstheorie genauer ansieht, versteht, warum die extreme Rechte nicht nur gegen vermeintliche Ausländer:innen und Geflüchtete, sondern auch gegen Transpersonen, Homosexuelle, Jüd:innen, Intellektuelle und sogar Stadtbewohner:innen Stimmung macht. Es ist ein Lehrstück darüber, wie Rechtspopulist:innen extrem rechte Feindbilder und Erzählungen übernehmen und verbreiten. Wie Menschen austauschbar werden, solange sie als Projektionsfläche dienen. Und wie Sprache die Rechtfertigung zum Massenmord liefert. Schauen wir also genauer hin.

Hitlers „Bibel"

Der Untergang des Abendlandes beginnt an der Côte d'Azur. In einer französischen Mittelmeerstadt, an einem sonnigen

Tag. Vor der Uferpromenade schaukeln die Yachten auf den azurblauen Wellen. Plötzlich taucht am Horizont ein dunkler Fleck auf und wird immer größer. Bald füllt eine Flotte rostiger Schiffe den Horizont. Unaufhaltsam nähern sie sich der Küste, bis sie Land erreichen. Menschenmassen strömen von Bord und ziehen ins Landesinnere. Hunderttausende bitterarme Migrant:innen fallen in Frankreich ein. Sie profitieren von der Hilfsbereitschaft einiger liberaler Gutmenschen und beginnen zu plündern, zu stehlen und zu vergewaltigen. Der große Austausch der weißen Bevölkerung Europas beginnt – und damit das Ende der abendländischen Kultur.

Das ist die Geschichte des 1973 veröffentlichten Romans *Le Camp des Saints* („Das Heerlager der Heiligen") des französischen Schriftstellers Jean Raspail. Darin steht Europa vor einer existenziellen Bedrohung: Fluten von Migrant:innen, eine formlose Masse von nicht-weißen Invasor:innen, überrennen den Kontinent, dessen Untergang von gutgläubigen Liberalen besiegelt wird. Ein Schreckensszenario, in dem die Verteidigung von Menschenrechten und Mitmenschlichkeit einen ganzen Kontinent in den Untergang führen. Das Buch ist rassistischer Kitsch – und bei radikalen Rechtspopulist:innen extrem beliebt. Insgesamt wurde es über zwei Millionen Mal verkauft.

Im Jahr 1986 entdeckte eine 18-Jährige das Buch. Sie war davon so beeindruckt, dass sie es 2012 noch einmal las – und inzwischen in Interviews zur Lektüre empfiehlt. Ihr Name: Marine Le Pen. Die Politikerin des Rassemblement National ist mit ihrer Begeisterung für Raspails Buch nicht allein. Viktor Orbán bezeichnete *Le Camp des Saints* in einer Rede im Sommer 2022 als „herausragendes Buch". Der Trump-Vertraute Steve Bannon verehrt es, die deutsche Übersetzung erschien im rechtsextremen Antaios-Verlag. Letztlich ist die Erzählschablone – eine Masse von Migrant:innen überrennt das Land und übernimmt die Macht, während die Weißen aussterben – aber viel älter.

Bereits 1916 brachte der New Yorker Anwalt Madison Grant das Buch *The Passing of the Great Race* heraus. Darin beschreibt er die angebliche Überlegenheit der „nordischen Rasse" und warnt vor ihrem Untergang durch Migration. Grant war der Meinung, dass man die weiße Bevölkerung als eine bedrohte Spezies betrachten sollte – und ihren Lebensraum deshalb als Schutzgebiet, in das andere nicht eindringen dürfen. Nur so lasse könne das Überleben dieser Gruppe gesichert werden. Seine Ideen hatten erheblichen Einfluss auf den „Immigration Act" von 1924, der die Einwanderung in die USA stark einschränkte – besonders für Menschen, die nicht aus Nordeuropa stammten. Einer von Grants größten Bewunderern: Adolf Hitler. Dieser bezeichnete das Buch als eine „Bibel" und schrieb Grant einen Brief, um sich für die Inspiration zu bedanken. Grant wiederum schickte Hitler ein signiertes Exemplar seines Buches. In *Mein Kampf* behauptete Hitler später, Jüd:innen würden Schwarze ins Rheinland bringen, um die dortige Bevölkerung zu ersetzen.

Ihr Comeback erlebte diese rassistische Verschwörungstheorie in abgeschwächter Form nach dem Ende des Zweiten Weltkriegs. 1986 behauptete Enoch Powell, ein einflussreicher britischer Konservativer, in seiner „Rivers of Blood"-Rede, aufgrund von Einwanderung würde die britische Bevölkerung bald zu „Fremden in ihrem eigenen Land". Powell prophezeite „Ströme von Blut" und behauptete, dass „in 15 oder 20 Jahren der Schwarze die Peitsche auf die Weißen niedergehen lassen wird." Er sprach von Millionen Einwanderer:innen, die Großbritannien übernehmen und die Bevölkerung ersetzen. Die Rede kostete ihn damals seine Karriere. Heute gilt Powell der britischen Rechten als Prophet. Der Brexit-Verfechter Nigel Farage ist ein großer Bewunderer. Farage übernahm im Juni 2024 den Vorsitz der rechten Reform-UK-Partei. Kurz nach seinem Amtsantritt hielt er eine Rede, deren Aufzeichnung der neurechte französische Schriftsteller Renaud Camus auf der Plattform X teilte. Dazu schrieb er, er habe keine Angst vor Migration: „Ich habe Angst vor der ausländischen Invasion, der mörderischen ausländischen Besatzung, der Kolonisierung, dem Völkermord durch Austausch, dem Großen Austausch." Camus selbst veröffentlichte 2011 das Buch mit dem Titel *Le Grand Remplacement*, das inzwischen namensgebend für den „Großen Austausch" ist.

Camus argumentiert, dass die sinkenden Geburtenraten in einer stark individualisierten Gesellschaft, kombiniert mit gezielt herbeigeführter Masseneinwanderung, zu einem Austausch der Bevölkerung in westlichen Gesellschaften führen würden. Im Jahr der Veröffentlichung ermordete der norwegische Rechtsterrorist Anders Breivik in Oslo und auf der Insel Utøya 77 Menschen. In seinem 1.500-seitigen Pamphlet *2083: A European Declaration of Independence*, das er im Internet verbreitete, erklärte er seine Tat als Akt des Widerstandes gegen den vermeintlichen „Bevölkerungsaustausch". Darin nahm er auch auf Madison Grant Bezug. Breivik selbst wurde seither zu einer Heldenfigur des modernen Rechtsterrorismus. Seine Worte und Taten inspirierten unter anderem Brenton Tarrant, der am 15. März 2019 in der Stadt Christchurch in Neuseeland 51 Menschen in einer Moschee ermordete. Auch Tarrant veröffentlichte ein Manifest im Netz, um seine Tat zu rechtfertigen. Den Namen *The Great Replacement* borgte er sich bei Camus, die Argumente ebenfalls: Seine Morde seien ein Akt des Widerstandes gegen den „Bevölkerungsaustausch".

Für jeden das passende Feindbild

Für Viktor Orbán ist die Sache klar: Der ungarische Ministerpräsident ist sich sicher, dass die Fluchtbewegungen der vergangenen Jahre nach Europa das Werk von „globalen Finanz- und Wirtschaftseliten" sind. Das ist bloß ein alter Code für Jüd:innen, eine rechtsextreme Chiffre. Klarer drückte sich der 19-jährige Juraj Krajčík aus, nachdem er am 12. Oktober 2022 zwei queere Menschen in Bratislava ermordet hatte. In einem im Netz veröffentlichten Pamphlet schreibt er: „Es sind die Juden. Es sind die Juden. Es sind die Juden." Sie seien für den „Bevölkerungsaustausch" verantwortlich. Durch die Medien geisterte anschließend die Frage, warum er dann queere Menschen ins Fadenkreuz nahm?

Die Antwort ist simpel. Die Erzählung des Bevölkerungsaustauschs vermittelt ihren Anhänger:innen, Teil einer besonderen Gruppe zu sein. Sie sollen glauben, dass diese Gruppe durch niedrige Geburtenraten und Migration existenziell bedroht ist und langsam ausstirbt. Äußere Feinde dringen in ihr Territorium ein, während von innen Verräter:innen am Untergang der Gemeinschaft mitwirken. Und natürlich muss es eine versteckte Macht geben, die hinter all dem steckt. Wer genauer hinsieht, erkennt in dieser Verschwörungserzählung drei zentrale Feindbilder, die für Rechtsextreme bis zu einem gewissen Grad austauschbar sind.

Zunächst gibt es die äußeren Feinde. Dazu zählen die „Ströme" und „Fluten" von Migrant:innen, die die weiße Bevölkerung angeblich ersetzen sollen. Rechtsextreme stellen sie stets als entmenschlichte, nicht-weiße Masse dar, die das Land wie eine Naturkatastrophe überrollt – unaufhaltsam und bedrohlich. Es heißt, sie wollten das Land erobern, es ausbeuten oder sich zumindest nicht integrieren, sondern ihre vermeintlich rückständige oder fremde Kultur den Einheimischen aufzwingen. Sie werden als vergewaltigende, plündernde und schmarotzende Gruppe beschrieben, als minderwertig und animalisch. Diese Vorurteile werden manchmal offen, manchmal subtiler geäußert, aber die Abgewerteten gelten immer als „anders": als integrationsunwillig, asozial oder rückständig. Oder, in abgeschwächter Form: Einwandererinnen in das Sozialsystem und Asyltouristen.

Die vermeintlich bedrohlichen Migrant:innen wären eigentlich leicht abzuwehren – wäre da nicht der „innere Feind", der ihnen sozusagen die Türen öffnet: Feministinnen, Homosexuelle und Transmenschen. In anderen Worten: Alle, die vom Bild der heterosexuellen Kleinfamilie abweichen. Wer die

Logik dahinter verstehen möchte, muss das Große und Ganze betrachten: Die Anhänger:innen der Großer-Austausch-Theorie beklagen niedrige Geburtenraten. Ihr „Volk" bringt nicht ausreichend Nachwuchs auf die Welt, um das eigene Land zu dominieren. Schuld daran seien all jene, die zu den niedrigen Geburtenzahlen beitragen: Frauen, die nicht nur als Reproduktionsmaschinen für weiße Kinder fungieren wollen. Feministinnen und queere Menschen, weil sie die weibliche Rolle als Gebärmutter der Nation und die Geschlechterordnung, die für die Volksfortpflanzung angeblich notwendig ist, generell in Frage stellen – und als Symbol des moralischen Verfalls gelten. Das zugrundeliegende Weltbild ist klar: Menschen sollen heterosexuell lieben und begehren, Frauen sollen möglichst viele weiße Kinder gebären. Schwangerschaftsabbrüche oder das Recht, über den eigenen Körper zu entscheiden, stehen dem im Weg. Diese Ansichten schlagen auch ideologische Brücken in das christlich-fundamentalistische Lager: Matt Schlapp, ein enger Vertrauter von Trump und Vorsitzender des Conservative Political Action Committee, erklärte bei einem Besuch in Ungarn 2022, dass das Verbot von Schwangerschaftsabbrüchen eine zentrale Waffe im Kampf gegen den „Bevölkerungsaustausch" sei.

Neben den inneren und äußeren Feinden gibt es noch eine dritte Kategorie: die Schuldigen. Schließlich muss jemand verantwortlich gemacht werden für den angeblichen Untergang des Abendlandes – und die Frage nach den Drahtzieher:innen von vermeintlichen Weltverschwörungen führt eigentlich immer auf antisemitisches Territorium. In diesem Fall heißt das: Die Jüd:innen haben sich verschworen, um das weiße Volk oder die westliche Kultur durch Migrant:innen zu ersetzen und so langfristig abzuschaffen. Sie haben angeblich den Liberalismus mit seinen Menschenrechten, Diskriminierungsverboten und seinem Minderheitenschutz erfunden, um die starke Mehrheit weißer Nationen zu entwaffnen. Sie planen die Homosexualisierung des Abendlandes, damit die weiße Bevölkerung ausstirbt – und lehren deshalb Gender-Studies an den Universitäten. Aber: Auch Rechtspopulist:innen wissen, dass offener Antisemitismus heutzutage eher kontraproduktiv ist. Deshalb nennen sie Stellvertreter:innen: Liberale Intellektuelle, Philanthropen, Journalistinnen, Menschenrechtler, Wissenschaftlerinnen, Globalisten, die verdorbene Stadtbevölkerung, die nicht richtig arbeitet und sowieso „entwurzelt" lebt. All diese Menschen agieren heimlich und hinterhältig, um das Volk zu zerstören.

Egal, ob Migrantinnen, Juden, Feministinnen, queere Menschen: Der „Große Austausch" bietet also für jeden das passende Feindbild – und genau deswegen ist die Geschichte so erfolgreich. Sie funktioniert wie eine Brücke, die Neonazis, fundamentalistische Abtreibungsgegner, Früher-War-Alles-Besser-Träumerinnen mit konservativen Migrationsgegnern und Rechtspopulistinnen verbindet. Jede:r kann sich das Feindbild herauspicken, das am besten in die eigene Strategie und den eigenen Kontext vor Ort passt. Es gibt Deutungsangebote für alle. Oder besser gesagt: Feindbild-Angebote. Sie lassen sich beliebig durchdeklinieren: Während Geert Wilders sich in den Niederlanden im Namen des Bevölkerungsaustausch zum Verteidiger des westlichen Liberalismus gegen einen rückständigen Islam inszeniert, wettert Giorgia Meloni im Namen des Katholizismus gegen Homosexualität. Rechtsextreme sprechen von einem „weißen Genozid", Populist:innen belassen es oft eher bei der Light-Version von „Überfremdung". In beiden Fällen gilt: Worte haben Konsequenzen.

Manchmal zählen brennende Asylunterkünfte, manchmal drastische Einschränkungen von Menschenrechten. Doch immer macht die Erzählung ein Angebot. Sie sagt: Die Bedrohung ist übermächtig, sinkende Geburtenraten bei gleichzeitiger Migration bedeuten euren Untergang. Schuldig sind die Eliten, die hinter den Kulissen das Ende deiner Gruppe einfädeln. Aber du kannst etwas dagegen tun. Du wirst zum Widerstandsheld, wenn du mich wählst. Oder in der extremen Version: wenn du zur Waffe greifst. Der physische oder elektorale Angriff auf die Demokratie wird so zur Verteidigung.

Das zeigt auch, warum es für Politiker:innen wie Giorgia Meloni so verlockend ist, die Erzählung zu verbreiten: Sie können sich als Opfer inszenieren. Als Vorkämpfer:innen einer bedrohten Gruppe. Sie können Stimmung gegen Minderheiten machen – im Namen einer vermeintlich bedrohten Mehrheit. Und sie bieten nicht nur Menschen mit einem rechten Weltbild eine politische Heimat, sondern auch all jenen, die mit den Veränderungen der Welt überfordert sind. Die nach Erklärungen suchen für die Umwälzungen der vergangenen Jahre.

Was macht Rechtspopulismus so attraktiv?

„Aber es gibt heute keine Antisemiten mehr."
(Max Horkheimer & Theodor Adorno)

„Gott, Familie, Vaterland."
(Giorgia Meloni)

Das AfD-Paradox: Die Hauptleidtragenden der AfD-Politik wären ihre eigenen Wähler:innen. So lautet der Titel einer Untersuchung des Ökonomen Marcel Fratzscher, die das Deutsche Institut für Wirtschaftsforschung (DIW) im August 2023 veröffentlichte. Sie analysiert das Wahlprogramm der AfD und die Folgen einer möglichen Umsetzung für den durchschnittlichen Wähler der Partei. Der ist männlich, mittelalt und hat ein niedriges bis mittleres Einkommen. Fratzscher kommt zu dem Ergebnis: Unter einer AfD-Regierung, die das Programm der Partei tatsächlich umsetzt, würden vor allem ihre eigenen Wähler:innen leiden. Zum Beispiel, weil die AfD massive Einschnitte in der Sozialpolitik plant. Zahlreiche Medien berichteten über die Untersuchung. Die AfD sackte in den Umfragen ab, tausende Mitglieder traten aus der Partei aus und erste Bundestagsabgeordnete legten ihr Amt nieder.

Das ist natürlich nicht passiert. Stattdessen erzielte die Partei bei den Landtagswahlen in Bayern und Hessen im Herbst 2023 sowie bei der EU-Wahl im Juni 2024 neue Bestergebnisse – genau wie bei den Landtagswahlen in Sachsen, Thüringen und Brandenburg im Herbst 2024. Das wirft eine Frage auf, die ebenso in Ungarn, Großbritannien oder den USA gestellt werden könnte: Was bewegt Menschen dazu, eine Partei zu wählen, deren politisches Programm ihnen selbst schaden würde?

Die Antwortet lautet: Es ist kompliziert. „Man hält den Populisten gern vor, komplexen Fragen mit unterkomplexen Antworten zu begegnen", schreibt der Politologe Marcel Lewandowsky in seinem Buch *Was Populisten wollen*. „In der Wähler-Debatte könnte man manch anderen denselben Vorwurf machen". Lewandowsky hat recht. Oftmals versuchen Journalistinnen und Kommentatoren, einen einzigen Beweggrund zu bestimmen, weshalb radikale Rechtspopulist:innen einen Wahlerfolg nach dem anderen erzielen. Aber es gibt eine Vielzahl an Gründen, weshalb Menschen der radikalen Rechten ihre Stimme geben.

Zahlreiche Umfragen und Untersuchungen zeigen inzwischen: Menschen wählen die AfD, Trump, Meloni oder Le Pen nicht etwa trotz, sondern gerade wegen ihrer rechtsradikalen bis rechtsextremen Weltanschauung. Gleichzeitig spielen auch andere Gründe eine große Rolle: die Angst vor dem individuellen oder kollektiven Abstieg, Veränderungserschöpfung im Angesicht von Krisen und Kriegen sowie weiße Identitätspolitik.

Menschen wählen Rechtspopulist:innen, weil sie rechts sind

Im Jahr 2023 feiert die AfD ihr zehnjähriges Bestehen. Die Partei ist erfolgreicher denn je und Thomas Krüger, Chef der Bundeszentrale für politische Bildung, warnt gegenüber dem Redaktionsnetzwerk Deutschland (RND) davor, die AfD noch als Protestpartei zu begreifen. Das sei eine Verharmlosung, denn „die Wählerinnen und Wähler wollen diese Partei", sagt er. Das trifft es auf den Punkt.

Der Begriff „Protest" bezeichnet laut Kai Arzheimer „einen Akt des öffentlichen Widerspruchs gegen einen wahrgenommenen Missstand, gegen eine spezifische Entscheidung oder gegen Entscheidungsträger". Der Politikwissenschaftler weist darauf hin, dass in liberalen Demokratien schon immer protestiert wird. Die Bevölkerung erhoffe sich dadurch eine gewaltfreie und regelbasierte Veränderung des Status quo. In Deutschland existiert das Bild der „Protestpartei" laut Arzheimer seit den 1980er Jahren. Damals mischten die Grünen den politischen Betrieb auf und inszenierten sich als radikale Außenseiter:innen. Zum Beispiel, indem Joschka Fischer sich in Turnschuhen als Umweltminister von Hessen vereidigen ließ. Gleichzeitig feierten die rechtsextremen Republikaner erste Wahlerfolge. Auch wenn beide Parteien völlig unterschiedlichen Ideologien anhingen und andere politische Projekte verfolgten, galten sie doch gemeinhin als Protestparteien: als radikale Absage an die etablierten Parteien.

Die Idee, dass Menschen einer Partei aus Protest ihre Stimme geben, impliziert, dass sie diese Partei nicht wegen, sondern trotz ihres Programmes wählen – dass es ihnen also nicht um das Programm oder die Inhalte der Partei geht, sondern darum, durch die eigene Wahl die etablierten Parteien abzustrafen. In anderen Worten: Gefühle sind für „Protestwähler:innen" wichtiger als Inhalte.

Um zu erforschen, wie wichtig das Motiv der Protestwahl für die Anhängerschaft rechtspopulistischer Parteien ist, wird nach Wahlen ganz einfach danach gefragt. So gaben nach der EU-Wahl 2024 51 Prozent der AfD-Wählenden an, die Partei aus Überzeugung zu wählen. 44 Prozent sagten, sie haben die AfD vor allem gewählt, weil sie von den anderen Parteien enttäuscht seien. Ist also die Hälfte der AfD-Wählerschaft zum Lager der Protestwähler:innen zu zählen?

Ganz so leicht ist es nicht. Der Politologe Lewandowsky weist darauf hin, dass der vermeintliche Unterschied zwischen „Protestwahl" und „Überzeugungswahl" in Umfragen meist mit einer Frage gemessen wird, die ungefähr so klingt: „Haben Sie Partei X eher aus Unzufriedenheit mit der Regierung oder aus Übereinstimmung mit dem Programm der Partei gewählt?". Das Problem ist: In der Realität lassen sich beide Motive oft kaum voneinander trennen. Schließlich ist Protest immer politisch. Und die AfD ist – ebenso wie radikale Rechtspopulisten in Frankreich, Italien, Ungarn oder den USA – eine Partei, die sich zu allen relevanten Themen der Gegenwart positioniert. Sie verspricht in ihrem Programm und in ihren Auftritten ein Deutschland mit geschlossenen Grenzen, ohne Migration, Gendern oder Klimaschutz. In anderen Worten: Ein radikales Gegenprogramm zu den anderen Parteien. Wer das will, ist mit dem Status quo natürlich unzufrieden.

Klar: Die AfD umgeht in ihrem Wahlprogramm offen rechtsextreme Äußerungen. Doch die Auftritte, Aussagen und Forderungen ihrer Mitglieder und Mandatsträger:innen macht die Verkleidung ihres Extremismus unmöglich. Das gilt spätestens seit den Berichten über das rechtsextreme Vernetzungstreffen von AfD-Politiker:innen mit Aktivist:innen der Identitären Bewegung in Potsdam, bei dem die massenhafte „Remigration" deutscher Staatsbürger:innen debattiert wurde. Wie radikal die AfD ist, ist also kein Geheimnis. Im Gegenteil, die Inhalte sind bekannt. Gerade deshalb ist ein anderer Aspekt der Nachwahlbefragungen der Europawahl so interessant: Über 90 Prozent der AfD-Wähler:innen identifizierten sich mit den Inhalten der Partei und ihrer ideologischen Ausrichtung. Sie finden gut, was die AfD fordert. 95 Prozent der Befragten wählen die AfD vor allem wegen ihrer Migrationspolitik. Bei der Wahl rechtspopulistischer Parteien geht es also um beides: Unzufriedenheit und Überzeugung. Das eine schließt das andere nicht aus. Das heißt: Wer die radikalen Rechtspopulist:innen wählt, der tut das in der Regel, weil er sich selbst allgemein eher rechts positioniert, weil er eine negative Haltung zu Migration hat *und* weil er die Regierung abstrafen will. Die Nachwahlbefragungen zur Europawahl zeigen aber auch: Acht von zehn AfD-Wähler:innen ist es „egal, dass sie in Teilen als rechtsextrem gilt, solange sie die richtigen Themen anspricht".

Die Mitte kippt nach rechts

Rechtsextreme Einstellungen sind in Deutschland heute wieder salonfähig. Das zeigt die sogenannte „Mitte-Studie" der SPD-nahen Friedrich-Ebert-Stiftung aus dem Jahr 2023. Die Studie untersucht alle zwei Jahre die „demokratische Mitte" auf ihren aktuellen Zustand. Sie will wissen, wie zufrieden die Menschen mit der Demokratie, ihren Institutionen und Verfahren sind, welche anti-demokratischen Tendenzen es im Land gibt und wie groß die Zustimmung zu rechtsextremistischen Aussagen ist.

Das Ergebnis der Umfrage von 2023 ist erschreckend: So befürworten beispielsweise 6,6 Prozent der Befragten eine rechtsgerichtete Diktatur mit starkem Führer und einer einzigen starken Partei. Dreimal mehr als noch 2021. 8,3 Prozent zeigen laut der Studie ein gefestigtes rechtsextremes Weltbild, eine enorme Zunahme im Vergleich zu den zwei bis drei Prozent der vorherigen Studienergebnisse. Auch der Anteil jener, die rechtsextreme Aussagen zumindest nicht ablehnen, ist mit 20 Prozent höher als je zuvor. Mit anderen Worten: Jeder Zwölfte in Deutschland hat ein geschlossenes rechtsextremes Weltbild. Jeder Fünfte ist für Rechtsextremismus zumindest offen.

Vor allem unter jungen Menschen haben die rechtsextremen Einstellungen bei der Befragung 2023 zugenommen: Bei den 18- bis 34-Jährigen haben mehr als zwölf Prozent ein manifestes rechtsextremes Weltbild, bei der Gruppe der über 65-Jährigen sind es nur 4,4 Prozent. Auf Englisch ließe sich ironisch feststellen: *The kids are alt-right*. Rechtsextremismus ist die neue Gegenkultur der Jugend. Bei den Landtagswahlen in Thüringen und Sachsen 2024 war die AfD bei Jungwähler:innen die mit Abstand erfolgreichste Partei. 38 Prozent der 18–24-Jährigen gaben der Partei ihre Stimme – doppelt so viele wie bei der Ü-70-Wählerschaft.

Aber zurück zur Mitte-Studie: Darin ist neben der hohen Zustimmung zu rechtsextremistischen Aussagen ein weiterer erschreckender Punkt zu finden: Die Befürwortung von Gewalt. Grundsätzlich würden 17 Prozent der Befragten Gewalt billigen, „wenn andere sich bei uns breitmachen". Weitere 19 Prozent sagen, das sei „teils-teils" richtig. Und 13 Prozent der Befragten glauben: „Einige Politiker haben es verdient, wenn die Wut gegen sie auch schon mal in Gewalt umschlägt".

Die Ergebnisse zeigen: Die sogenannte Mitte driftet in Deutschland nach rechts – und das ist sowohl Symptom als auch Ursache des Erfolgs der Rechtspopulist:innen. Insofern hat Benedikt Kaiser, einer der Strategen der Neuen Rechten in Deutschland, recht, wenn er in einem Vortrag im Juni 2024 „Das Ende des Rechtspopulismus" fordert: „Man muss die Mitte nicht umschmeicheln, sondern vor sich her treiben." Es funktioniert. Das zeigen die seit Jahren steigenden Umfragewerte der AfD – und das zeigt die Normalisierung radikal rechter Positionen und Diskurse durch die sogenannte Mitte.

Die Parteien der Mitte haben rechtsradikale Positionen über Jahre normalisiert

Im Juli 2023 wurde der Landtagsabgeordnete Hannes Loth als erster AfD-Politiker Deutschlands in Raguhn-Jeßnitz zum hauptamtlichen Bürgermeister gewählt. Ein Triumph für die Partei, die sich vor allem durch kommunalpolitische Ämter als harmlos und volksnah darstellen will, um nach und nach die eigene Machtposition im Bund auszubauen. Schließlich kann sie in der Kommunalpolitik der Bevölkerung vermitteln: Schaut her, wir stellen schon Bürgermeister:innen, und sie machen einen guten, normalen Job. Das sind keine Durchgedrehten. Denn Fakt ist: In den Monaten nach seiner Amtsübernahme hat Loth weder die Opposition in Raguhn ausgeschaltet noch eine Kommunaldiktatur eingeführt. Doch der Kommunal-Triumph der AfD ist ein Albtraum für ihre politischen Gegner. Das gilt vor allem für die Union, die laut verschiedener AfD-Politiker:innen der Hauptfeind ist: An die Stelle der Union will die AfD als neue rechte Volkspartei treten. Die CDU weiß um die Gefahr. Doch ihre Reaktion gleicht der Panik, mit der jemand versucht, sich durch heftige Bewegungen aus Treibsand zu befreien – und nur den eigenen Untergang beschleunigt. Kurz nach Loths Wahlsieg trat CDU-Chef Friedrich Merz im oberbayerischen Kloster Andechs auf und verkündete kurzerhand: Die CDU sei die „Alternative für Deutschland mit Substanz".

Man könnte diesen Kommentar als nebensächliches Detail werten, das keine große Beachtung verdient. Oder als erneuten Beweis, dass die Konservativen der AfD seit Jahren in die Hände spielen und sich von ihr durch die Arena des öffentlichen Diskurses treiben lassen. Denn wenn der Vorsitzende Deutschlands größter Volkspartei ganz offen versucht, seine Partei als die bessere „Alternative" zu verkaufen, und dabei das selbstgewählte Label der AfD nutzt, legitimiert das vor allem das Original. Es signalisiert den Wähler:innen: Andere Parteien eifern der „Alternative" nach, so schlimm kann das Original nicht sein. Letztlich ist der verbale Fehltritt des CDU-Chefs jedoch bloß ein Beispiel dafür, wie Parteien und Medien seit Jahren dazu beitragen, die Rechtspopulist:innen und ihre Positionen in der Öffentlichkeit zu legitimieren und zu normalisieren.

Teresa Völker ist Politikwissenschaftlerin am Wissenschaftszentrum Berlin für Sozialforschung. Dort forscht sie zur Normalisierung der extremen Rechten in der deutschen Öffentlichkeit. Gemeinsam mit ihrem Kollegen Daniel Saldivia Gonzatti hat sie über 520.000 Zeitungsartikel ausgewertet, die zwischen 1994 und 2021 in der *Süddeutschen Zeitung*, der *taz*, der *Welt*, der *Jungen Freiheit*, der *Stuttgarter Zeitung* und der *Sächsischen Zeitung* erschienen sind. Die beiden wollten verstehen, wie die extreme Rechte Themen gesetzt hat, wer darauf reagiert und unter welchen Umständen sie besonders viel Aufmerksamkeit bekommt.

Zunächst einmal haben sie herausgefunden: Rechtsextreme und ihre Positionen haben seit den 1990er Jahren immer mehr Sichtbarkeit, Resonanz und Legitimität im öffentlichen Diskurs bekommen. „Das liegt daran, dass es immer wieder kritische Momente gab, in denen sie es als Krisenkommunikator geschafft hat, Themen zu setzen und Debatten zu beeinflussen", sagt Völker dem *Leibniz Magazin*. Sie habe davon profitiert, „dass ihre Themen von den demokratischen Parteien, aber auch den Massenmedien aufgegriffen wurden – und sie so noch sichtbarer wurden". In anderen Worten: Demokratische Parteien und Medien tragen eine Mitverantwortung dafür, dass der öffentliche Diskurs sich über die Jahre immer weiter nach rechts verschoben hat.

Der Grund: Sie normalisieren rechtsextreme Akteur:innen und ihre Themen, wenn sie mit ihnen unkritisch in Talkshows debattieren, ihre Selbstbeschreibungen übernehmen oder auf ihre Themensetzung eingehen. Das gilt vor allem, seit die radikalen Rechtspopulist:innen ihre Forderungen nicht mehr in Springerstiefeln vortragen, sondern im Anzug. Zur besten Sendezeit. Oder im Parlament. Gleichzeitig lassen sich Politiker:innen anderer Parteien zu polarisierenden, rassistischen Aussagen hinreißen, die ebenso gut von der AfD stammen könnten – weil sie meinen, sie könnten auf diesem Weg deren Wählerschaft zurückgewinnen. Und das Beispiel Hannes Loth zeigt: Die lange beschworene „Brandmauer" zur AfD – also eine strikte Abgrenzung von extremen Rechten – gilt in der Kommunalpolitik längst nicht mehr. Auch wenn es nur um Fahrradwege oder das lokale Museum geht: „Kooperation auf unterster Ebene ist ein Prozess, der sich fortsetzt und den Menschen suggeriert: Wenn mit einer Partei zusammengearbeitet werden kann, dann ist sie auch wählbar", erklärt Teresa Völker. Für sie ist aber etwas anderes entscheidender: Brüchig ist die sogenannte Brandmauer nach rechts vor allem auf der kommunikativen Ebene geworden.

Ihre Studie *Discourse Networks of the Far Right: How Far-Right Actors Become Mainstream in Public Debates* zeigt, dass sich die demokratischen Parteien immer wieder auf Themen einlassen, die von der AfD gesetzt wurden, oder sie übernehmen. Das war zum Beispiel vor den Bundestagswahlen 2017 der Fall. Um die Wähler:innen der AfD zurückzugewinnen, kündigte die damalige Bundeskanzlerin Angela Merkel eine strikte Migrations- und Sicherheitspolitik für die kommende Legislaturperiode an. Im Herbst 2023 wiederum forderte Merkels Nachfolger, Olaf Scholz, im *Spiegel*: „Wir müssen endlich im großen Stil abschieben". Und kurz nachdem erstmals eine rechtsextreme Partei in der Bundesrepublik Deutschland eine Landtagswahl gewann, wetterte CSU-Chef Markus Söder in Gillamoos gegen das Prinzip der Rechtsstaatlichkeit bei Asylverfahren. Es sei an der Zeit, dass „das deutsche Volk" entscheide, wer ins Land komme, so Söder – und nicht die Gerichte. Seine Aussage hätte wortgleich von AfD-Chefin Alice Weidel stammen können.

Söder ist ein Machtpolitiker. Oder, wie ihm oft vorgeworfen wird: ein Fähnchen im Wind. Mal umarmt er Bäume, dann erklärt er die Grünen zum Hauptfeind. Klar ist: Er betreibt das Geschäft der radikalen Rechtspopulist:innen. Denn Aussagen wie die eben zitierte normalisieren die Themensetzung der Rechtspopulisten. Sie signalisieren der Bevölkerung: Jetzt fordern auch die anderen Parteien das, was die AfD schon lange will.

Laut Völkers Forschung haben auch Krisenmomente wie Terroranschläge ein enormes Mobilisierungspotenzial für die extreme Rechte. Dazu zählen islamistisch motivierte Attacken wie der Anschlag auf den Berliner Weihnachtsmarkt 2016, oder das Attentat von Solingen 2024, aber auch die sogenannte Flüchtlingskrise. Denn Politiker:innen der AfD werden in solchen Krisensituationen in Talkshows eingeladen, dürfen Interviews geben und werden als Expert:innen zu Migrationsthemen befragt. Andere Parteien debattieren und reagieren auf die Themensetzungen. All das hat die Ideen und Themen der Partei an die breite Öffentlichkeit getragen und salonfähig gemacht.

Denn: Wenn eine Partei früh ein Thema prägt und für sich vereinnahmt, profitiert sie davon, wenn darüber gesprochen wird. Dahinter steckt eine Dynamik, die man *issue ownership* nennt: Parteien sind sozusagen die Eigentümer bestimmter Themen. So ist das zum Beispiel auch bei den Grünen: Wenn in Deutschland viel über die Klimakrise gesprochen wird, profitieren davon die Grünen. Ihnen „gehört" das Thema. Genauso ist es, wenn in den Medien über Zuwanderung oder Terrorismus debattiert wird. Die AfD hat diese Themen für sich gepachtet. Wegen dieser Dynamik profitieren Rechtspopulist:innen davon, wenn sich andere Parteien auf ihre Forderungen beziehen oder ihnen sogar nacheifern. Sie sind das Original. Und die Übernahme ihrer Themen oder ihrer Rhetorik signalisiert der Wählerschaft bloß: Wenn die anderen Parteien genauso sprechen, kann die AfD ja gar nicht so schlimm sein. Anstatt Wähler:innen zurückzugewinnen, stärkt die Übernahme rechter Positionen und Themen das Original.

Das zeigt auch eine Studie von Werner Krause, Denis Cohen und Tarik Abou-Chadi mit dem Titel *Does Accommoda-*

tion Work? aus dem Jahr 2022. Es gebe keinerlei Hinweise darauf, dass die Übernahme rechtsextremer Diskurse dazu führe, dass man Wähler zurückgewinnen könne, schreiben die Politikwissenschaftler. „Unsere Ergebnisse deuten eher darauf hin, dass sie dazu führen, dass mehr Wähler zur radikalen Rechten überlaufen." Das Problem ist: Je größer die Rechtspopulist:innen werden, desto größer die Versuchung für andere Parteien, deren Positionen zu übernehmen. Aber dadurch machen sie die Rechtspopulist:innen nur größer. Ein Teufelskreis.

In der Praxis zeigen das hervorragend die Ergebnisse der Landtagswahlen in Sachsen und Thüringen 2024: In den Monaten – und besonders in der letzten Woche – vor der Abstimmung erklärten quasi sämtliche Parteien Migration zum größten Problem der Gegenwart. Die Ampel-Koalition verschärfte die Asylgesetze, nachdem sie zuvor schon die Bezahlkarte für Asylbewerber:innen eingeführt hatte. Und am Wahltag erklärte Bundespräsident Frank Walter Steinmeier bei einer Gedenkfeier für die Opfer des islamistischen Anschlags von Solingen, das Thema Zuwanderung und ihre Begrenzung müsse „Priorität haben in den nächsten Jahren". Von der CDU bis hin zu den Grünen haben sich sämtliche Parteien im Vorfeld der Wahl der AfD rhetorisch angenähert – und dennoch keine Wähler:innen zurückgewinnen können.

Die Untergangspropheten

Rollende Panzer, aufgewirbelter Staub, Landkarten: „Deutschland steht kurz vor dem dritten Weltkrieg", verkündet eine dramatische Stimme im Juli 2024 beim Kanal „Wahre Politik" auf YouTube. Zur gleichen Zeit veröffentlicht ein anderer rechtsgerichteter Kanal ein Video mit dem Titel: „Katastrophe: Regierung *zerstört Grundgesetz* Freiheit in Deutschland existiert nicht mehr!" Kurz zuvor hatte Bundesinnenministerin Nancy Faeser das rechtsextreme *Compact-Magazin* verboten. Eine Entscheidung, die später von einem Gericht für ungültig erklärt wurde. „Das ist eine Diktatur, Ende der Geschichte", erklärt der Host seinem Publikum. Beide Videos sind völlig unterschiedlich – und haben dennoch etwas gemeinsam: Sie wähnen Deutschland und die Welt kurz vor der großen Katastrophe.

Wahlprogramme und inhaltliche Forderungen sind immer nur ein Grund neben anderen, weshalb Wähler:innen einer Partei ihre Stimme geben. Wichtiger sind oft Stimmungen und Emotionen. Das gilt für alle Parteien, doch laut dem Soziologen Philipp Rhein verstehen die radikalen Rechtspopulist:innen der AfD es wie keine andere Partei, aus Zuspitzungen, Konflikten und Polarisierungen Wahlerfolge zu fabrizieren. Nicht ihr politisches Programm sei entscheidend für die Mobilisierung ihrer Wählerschaft, sondern „ihre Fähigkeit, einen bestimmten Katastrophismus und Alarmismus zu befeuern und auszubeuten." Für sein Buch *Rechte Zeitverhältnisse* hat Rhein lange Interviews mit AfD-Wählenden geführt und entdeckt, wie sich ein zentrales Motiv durch sämtliche Gespräche zog: Alle Interviewten hatten jeden Glauben an die Zukunft verloren. Rhein spricht von „Zukunftsverschlossenheit".

In der Nachkriegszeit des 20. Jahrhunderts waren Gesellschaften weitgehend auf Fortschritt eingestellt. Die Zukunft stellte man sich als Leiter vor, auf der man Sprosse für Sprosse nach oben stieg. Zwar boten verschiedene Parteien unterschiedliche Visionen dieser goldenen Zukunft an, doch die Mehrheit glaubte daran, dass sie sich mit demokratischen Mitteln gestalten lasse. Und dass es bergauf ging. Dieser Glaube ist AfD-Wählenden abhandengekommen, sagt Rhein. Für sie ist die Zukunft kein Versprechen auf Besserung, sondern eine Bedrohung. Die Apokalypse scheint ihnen kaum noch abwendbar zu sein: „Sie glauben, sie hätten den drohenden Untergang der Gesellschaft durchschaut und wehren sich, indem sie die AfD wählen", erklärt Rhein. Die AfD sei schließlich die einzige Partei, die kontinuierlich den Untergang der Gesellschaft prophezeit. Ihre Anhänger:innen sehen sich selbst als „elitäre Untergangspropheten". Da ihre Werte, ihr Konsumverhalten und ihre Ausdrucksweise heutzutage nicht mehr unangefochten akzeptiert werden, halten sie sich für auf dramatische Weise von der Gesellschaft ausgestoßen. Das verarbeiten sie, indem sie glauben, einen besonderen Einblick in die Katastrophe der Gegenwart zu haben.

Rhein sagt: „Das sind Motive, die wir aus christlichen Endzeitsekten kennen". Den Mechanismus einer solchen Empfindung beschreibt er als „negative Privilegierung": Wer glaubt, als einer von Wenigen den Durchblick zu haben, fühle sich besser, sagt er, auch wenn es der Durchblick auf eine Katastrophe ist. Denn es werte die eigenen Erfahrungen auf.

Aus dieser Perspektive macht die Wahl von radikalen Rechtspopulist:innen aus Menschen, die glauben, einen Einblick in den Untergang der Gesellschaft zu haben, so etwas wie eine Schicksalsgemeinschaft. Die Zugehörigkeit zu einer solchen Gruppe verspricht Trost.

Klar ist: Untergehen wird die Welt nicht. Aber hinter solchen Wahrnehmungen stecken reale Erfahrungen. Da sind Kriege, die Corona-Pandemie, die sogenannte Flüchtlingskrise, steigende Lebensmittelpreise, die Klimakrise. Und da ist das Gefühl, dass der eigene Abstieg kurz bevorsteht oder schon längst vollzogen ist – und die demokratischen Parteien das entweder akzeptieren oder sogar befeuern.

Die Angst vor Abstieg und Statusverlust

Als Donald Trump im November 2024 zum zweiten Mal die US-Präsidentschaftswahl gewann, begann sofort die routinierte Suche nach den großen Erklärungen für das scheinbar Unerklärliche. Zahlreiche Kommentatoren und Journalistinnen lieferten Leitartikel und scharfe Analysen zu der einen Frage: Wie können Menschen es nur wagen, so jemanden erneut zu wählen?

Es liege daran, dass die USA eine zutiefst rassistische Gesellschaft sind, sagten einige: Eine schwarze Frau könne einfach nicht gegen einen weißen Mann gewinnen. Andere glaubten, es liege daran, dass Kamala Harris einfach zu spät in das Rennen um die Präsidentschaft eingestiegen sei. Wieder andere erklärten: Donald Trump habe so viel Schützenhilfe von seinen Verbündeten im Silicon Valley bekommen, dass Harris von Anfang an keine Chance hatte. Außerdem zeigten seine Foto-Ausflüge in Fast-Food-Restaurants oder in Müllabfuhrwagen und seine zahlreichen Podcast-Auftritte, dass er sich in den Sozialen Medien deutlich volksnaher inszenieren könne.

All das mag einen Einfluss gehabt haben. Die interessanteste und plausibelste Antwort auf die Frage nach den Gründen für Trumps Wahlsieg lieferte aber die Ökonomin Isabella Weber. „Arbeitslosigkeit schwächt Regierungen", schrieb sie in der *New York Times*, „Inflation vernichtet sie". Weber verwies auf eine Nachwahlbefragung von *CNN*, die einen tiefen Einblick in die vielleicht wichtigsten Beweggründe der Trump-Wählerschaft lieferte: 23.000 Menschen hatten darin bewertet, wie sehr die Inflation sie in den vergangenen Jahren getroffen hatte – und angegeben, wen sie wählen. Sie mussten einschätzen, ob die Inflation ihrer Familie große, mäßige oder keine Not zugefügt hatte. Das Ergebnis spricht eine deutliche Sprache: Von denjenigen, denen die Inflation große Not zugefügt hatte, stimmten 76 Prozent für Donald Trump und nur 23 Prozent für Kamala Harris. Auf der anderen Seite spiegelt sich das Stimmungsbild: Von den Menschen, die keinerlei Not durch die Inflation verspürten, wählten 78 Prozent Harris und nur 21 Prozent Trump. Unter den Befragten, die mäßige Not durch die Inflation erlebt hatten, stimmten 52 Prozent für Trump und 46 Prozent für Harris.

Für Weber erklärt das, weshalb zahlreiche Menschen trotz niedriger Arbeitslosigkeit und stabilem Wirtschaftswachstum offen für die Botschaft rechter Populist:innen sind: Dem Land geht es gut, aber sehr vielen Leuten geht es sehr schlecht. Sie spüren, dass sie sich immer weniger Lebensmittel von ihrem Geld kaufen können und das Konto am Monatsende überzogen ist. Denn bei aller Freude über das US-Wirtschaftswachstum: Die Inflation war während der Biden-Jahre so hoch wie seit den 1970er Jahren nicht mehr. Besonders Lebensmittel, Verkehr und Energie sind teurer geworden. Das sind wichtige Alltagsgüter, auf die die gesamte Bevölkerung angewiesen ist – und die gerade bei Geringverdienenden einen Großteil der monatlichen Ausgaben ausmachen.

Wenn in einer solchen Situation demokratische Politiker:innen die wirtschaftliche Angst der Armen und der unteren Mittelschicht nicht ernst nehmen, treibt das Menschen in die Arme von Demagog:innen. Die Angst vor dem eigenen Abstieg macht Menschen empfänglich für emotionalisierte Schuldzuschreibungen und Sündenböcke. Und Rechtspopulist:innen liefern sie. Gleichzeitig weisen sie auf einen wahren Punkt hin: Die Biden-Regierung hätte durchaus etwas gegen den Kaufkraftverlust tun können. Stattdessen wurde das Harris-Team im Wahlkampf nicht müde zu betonen, wie gut es den USA wirtschaftlich ginge und wie gut die Demokraten ihren Job gemacht hätten. Solche Aussagen verhöhnen all jene, die seit Jahren knapp bei Kasse sind – genau wie das Versprechen von Harris, unter ihr als Präsidentin werde sich nicht allzu viel ändern. Zahlreiche Menschen wollen genau das Gegenteil, weil die vergangenen Jahre ihnen sämtliche Sicherheit genommen haben.

Den Zusammenhang zwischen Kaufkraftverlust und einer erstarkenden Rechten zeigt auch ein Blick auf Deutschland: Während der Corona-Pandemie schien die AfD ihr Wähler:innen-Potenzial ausgeschöpft zu haben, in den Umfragen pendelte sie sich bei etwas über zehn Prozent ein. Das änderte sich erst, als auch in Deutschland die Inflationszahlen explodierten und immer mehr Menschen von Armut bedroht waren. Klar: Dass jemand knapp bei Kasse ist, treibt ihn nicht automatisch zur AfD. Aber wenn die eigene wirtschaftliche Situation einem Angst macht, wird man empfänglicher für die Botschaften und Sündenböcke rechter Populist:innen. Wer den eigenen Status bedroht sieht, ist eher bereit, Radikale zu wählen. Und das betrifft immer mehr Menschen.

In einer Umfrage aus dem Jahr 2023 glaubt mehr als die Hälfte der Befragten, dass es ihnen in zehn Jahren schlechter gehen wird als heute. 78 Prozent der AfD-Wähler:innen machen sich Sorgen, dass sie ihren Lebensstandard nicht halten können. Und vier von fünf Menschen blicken im Januar 2024 mit Beunruhigung in die Zukunft. Die Angst vor dem eigenen sozialen oder wirtschaftlichen Abstieg ist seit jeher ein großer Treiber für die Wahl von Rechtspopulist:innen. Heute ist klar: Das alte Aufstiegsversprechen der Nachkriegszeit gilt nicht mehr, der demokratische Kapitalismus wurde ab den 1970er Jahren Schritt für Schritt entkernt – nicht selten von sozialdemokratischen oder linken Parteien. Deshalb gelingt es den Le Pens und Trumps dieser Welt, Geringverdienende und die untere Mittelschicht von sich zu überzeugen.

Oftmals geht es aber gar nicht nur um den individuellen Status, sondern um das Kollektiv. Um das Land oder die eigene Gruppe. Das zeigt auch eine Studie aus Flandern: Es ist nicht nur die individuelle Lage, die Menschen empfänglich für die Botschaft von Rechtspopulist:innen macht – sondern die Beurteilung der gesamtgesellschaftlichen Zustände. In anderen Worten: Es muss einem nicht zwingend selbst schlecht gehen. Viel wichtiger ist die Einschätzung – ob zutreffend oder nicht –, mit dem Land gehe es insgesamt bergab, die Eliten kümmerten sich nicht oder seien nicht dazu in der Lage, die Probleme der einfachen Menschen zu verstehen oder gar zu lösen. Laut der Wirtschaftswissenschaftlerin Bettina Kohlrausch steckt das Gefühl des „Ausgeliefertseins" hinter diesem Phänomen, das Gefühl, den eigenen Umständen ohnmächtig gegenüberzustehen. Und zu denken: Wenn es noch schlimmer wird, kann ich nichts machen. Das heißt, Krisen können Verunsicherungen und Ängste vor dem Verlust des eigenen ökonomischen Status und der kulturellen Hegemonie der eigenen Gruppe befeuern. Dabei geht es vor allem um eine subjektive Beurteilung der eigenen Situation. Aber klar ist auch: Nicht nur der eigene Kontostand macht den Menschen wirklich zu schaffen. Sondern auch andere Arten von Status-Verlust.

Der Status einer Person beschreibt ihre Stellung innerhalb der Gesellschaft und den Wert, der ihr aufgrund von Merkmalen wie Einkommen, Vermögen, Geschlecht, Bildung, Hautfarbe, Religion, Sexualität oder Herkunft zugeschrieben wird. Dabei ist wichtig zu verstehen, dass der soziale Status immer relativ ist – er entfaltet seine Bedeutung erst im Vergleich zu anderen Personen oder Gruppen. Die Gesellschaft lässt sich in diesem Zusammenhang also mit einer Bundesligatabelle vergleichen: An der Spitze stehen diejenigen mit dem höchsten Status. Dieser ist aber nicht nur das Resultat individueller Leistungen, sondern wird auch durch Privilegien beeinflusst. Privilegien kann man sich wie Joker in einem Kartenspiel vorstellen: Sie garantieren keinen Sieg, verschaffen aber einen deutlichen Vorteil. Wenn nun andere Menschen plötzlich auch ab und zu einen Joker bekommen, wird es zwar insgesamt gerechter – aber auch wenn Dir niemand etwas wegnimmt, verschlechtert sich Deine persönliche Situation im Vergleich zu den anderen. Wenn andere aufholen, gerät Dein Status in Gefahr.

Ein Blick in die USA zeigt das: Dort sind weiße Menschen die Gruppe mit den meisten Jokern und dem höchsten Status, besonders Männer. Das ist das Erbe von jahrhundertelanger rassistischer Diskriminierung in sämtlichen Bereichen der Gesellschaft: Kultur, Politik, Wirtschaft, Recht. Der Vermögensvorsprung weißer Menschen nimmt seit den 1980er Jahren sogar immer weiter zu. Trotzdem zeigen Langzeit-Datenerhebungen: Seit der Jahrtausendwende werden weiße Menschen in den USA unglücklicher und schätzen ihren eigenen Status als immer schlechter ein. Sie haben das Gefühl, an Boden zu verlieren, obwohl sie im Vergleich zu anderen Gruppen wie Hispanics und Schwarzen immer noch sehr viel besser dastehen. Das heißt: Als Gruppe stehen Weiße ganz oben, fühlen sich aber zunehmend als Verlierer:innen, weil die anderen aufholen. Und dieses Gefühl hat politische Sprengkraft.

Die Gesellschaft wird bunter

„Für eine Schwarze lebe ich in der besten Zeit der US-Geschichte, aber das bedeutet immer noch, dass ich jünger sterben werde, ärmer lebe, mehr Polizeigewalt ausgesetzt bin und von der Politik dafür bestraft werde, dass ich eine schwarze Frau bin. … Nie war es so gut wie jetzt für Schwarze in Amerika, dabei ist es statistisch gesehen immer noch so schlecht".

Das schreibt Tressie McMillan Cottom in ihrem Essayband *Thick*: Obwohl die Situation von nicht-weißen Menschen in den USA immer noch schlecht ist, hat sich in den vergangenen 30 Jahren vieles verbessert. Und das sieht man. Mit Barack Obama wurde 2008 der erste Schwarze Präsident der Vereinigten Staaten, Kamala Harris wurde 2021 die erste nicht-weiße Vizepräsidentin, später die erste weibliche, nicht-weiße Präsidentschaftskandidatin. Seit 2009 sitzt mit Sonia Sotomayor die erste hispanische Richterin am Obersten Gerichtshof der USA und seit den 1990er Jahren ist die Anzahl von Nichtweißen an US-Universitäten und in Führungspositionen stetig angestiegen. Minderheiten gewinnen an Sichtbarkeit. Das ist einerseits das Ergebnis eines andauernden Kampfes um Anerkennung und Gleichberechtigung, andererseits auch Teil eines viel größeren Wandels: Die US-Gesellschaft wird immer vielfältiger – und die Weißen immer weniger.

Im Jahr 1965 waren 84 Prozent der US-Amerikaner:innen weiß, 2023 nur noch 58,4 Prozent. Laut Prognosen werden Weiße ab 2043 nicht mehr die absolute Mehrheit der US-Bevölkerung stellen. Ob die Prognosen zutreffen, wird sich zeigen.

Aber das Interessante ist: Schon jetzt glauben weiße Menschen in den USA, dass der demografische Wandel weitaus schneller stattfindet. Gleichzeitig schätzen sie die wirtschaftliche Situation von Schwarzen viel besser ein, als sie in Wirklichkeit ist. Ihre Wahrnehmung ist verzerrt, sie wissen nicht um die enorme Ungleichheit im Land. Sie glauben, dass die Unterschiede zwischen weißen und schwarzen Amerikaner:innen gar nicht so stark seien, und haben schon jetzt das Gefühl, dass sie ihren Status als dominierende Gruppe verlieren.

„Weiße, die in Gebieten mit einem hohen Anteil an Minderheiten leben oder den Anteil dieser Minderheiten an der Gesamtbevölkerung größer wahrnehmen, als er ist, haben häufiger das Gefühl, dass sie persönlich und dass Weiße als Gruppe diskriminiert werden", sagen die US-Psychologinnen Maureen Craig und Jennifer Richeson. Sie haben in zahlreichen Experimenten untersucht, welche Auswirkungen der demografische Wandel der USA auf weiße Menschen hat. Das Ergebnis: Je größer Weiße andere Gruppen wahrnehmen, desto häufiger geben sie an, dass sie diskriminiert werden und ihr Status in Gefahr ist.

In einer ihrer ersten Studien teilten Craig und Richeson 369 Menschen, die sich weder den Demokraten noch den Republikanern zugehörig fühlten, in zwei Gruppen auf. Beide erhielten für die Studie unterschiedliche Fragebögen. Eine enthielt die Information, dass Weiße in den USA möglicherweise bald zu einer Minderheit werden – und dass das in Kalifornien bereits der Fall ist. Bei der anderen Gruppe fehlte diese Information. Anschließend mussten die Teilnehmer:innen Auskunft über ihre politischen Einstellungen geben. Das Ergebnis: Wer die Informationen über den Minderheitenstatus von Weißen las, sympathisierte eher mit den Republikanern. Später führten Richeson und Craig ein ähnliches Experiment durch, mit demselben Ergebnis: Macht man Weißen bewusst, wie sehr sich die US-Gesellschaft verändert, führe das dazu, dass sie „unabhängig von ihrer politischen Zugehörigkeit konservative politische Positionen stärker unterstützen."

„Selbst wenn man Weißen nur unbewusst in Erinnerung ruft, dass Amerika diverser wird – und insbesondere, dass sie von einer Mehrheit zu einer Minderheit werden – neigen sie zu konservativeren politischen Ansichten und mehr Unterstützung für die republikanische Partei", schreiben Craig und Richeson. Insgesamt deute ihre Forschung darauf hin, „dass die zunehmende Vielfalt eine wachsende Kluft zwischen den Parteien hervorrufen kann."

Wichtig ist: Das ist kein Automatismus. Die Angst vor Statusverlust ist erst einmal nicht mehr als eine Verunsicherung. Eine Verunsicherung, die auch daher rührt, dass plötzlich immer mehr Menschen mit am Tisch sitzen und sich streiten – während es vorher vor allem eine weiße Elite war, die die Deutungsmacht im Land innehatte, Banken leitete und Oscars gewann. Doch es ist eine Verunsicherung mit großem politischen Potenzial. Populistische Parteien und Politiker:innen wissen, dass sie dieses Gefühl aufgreifen, befeuern und für sich nutzen können: Je mehr Menschen betroffen sind, desto besser für sie. Das hat auch Donald Trump verstanden.

Weiße Identitätspolitik

Nach Donald Trumps Wahltriumph im November 2024 kamen zahlreiche Journalistinnen und Analysten zu einem naheliegenden Schluss: Das Zeitalter der Identitätspolitik ist vorbei. Doch das Gegenteil ist der Fall. Wir sind es gewohnt, Identitätspolitik als Kampf um Anerkennung und Teilhabe von Minderheiten zu verstehen. Menschen, die aufgrund bestimmter Merkmale wie Geschlecht, Herkunft, Klasse oder Sexualität von der (weißen, männlichen, heterosexuellen) Dominanzgesellschaft ausgeschlossen wurden, verbündeten sich und wehrten sich gegen die Unterdrückung. Aber auch Mehrheiten haben eine Identität. Und auch weiße Wähler:innen sind empfänglich für identitätspolitische Angebote.

> „Die einfachste Art und Weise, die Identität von jemandem zu aktivieren, ist, sie zu bedrohen: Ihm zu sagen, dass er das, was er hat, nicht wirklich verdient und ihn zu der Überlegung zu bringen, dass es ihm weggenommen werden könnte".

So schreibt die Politikwissenschaftlerin Ashley Jardina in ihrem Buch *White Identity Politics*. Von weißer Identitätspolitik war eigentlich nie die Rede. So etwas wie eine weiße Identität gebe es breitflächig gar nicht, lautete die Annahme. Weißsein sei für weiße Menschen wie das Wasser, in dem Fische sich bewegen – sie nehmen es nicht wahr. Doch Jardinas Forschung zeigt, dass sich das inzwischen geändert haben könnte.

„Wenn Weiße den Eindruck haben, dass der dominante Status ihrer Gruppe bedroht ist oder ihre Gruppe ungerechtfertigt benachteiligt wird, kann ihre Identität politisch relevant werden", schreibt Jardina. Sie sagt: Es gibt ein weißes Identitätsgefühl, das aber konditional ist. Das heißt, es hängt von den äußeren Umständen ab. Dieses Identitätsgefühl wird Jardina zufolge relevant, wenn Menschen eine Bedrohung des eigenen Status wahrnehmen. Und das sei seit einigen Jahren der Fall. Einerseits aufgrund der zunehmenden Sichtbarkeit von nicht-weißen Menschen in sämtlichen Teilen der Gesellschaft. Andererseits, weil eben auch Weiße Erfahrungen von wirtschaftlicher Not und Zukunftsangst machen. Sie haben immer häufiger das Gefühl, dass „die Vorteile, die sie aufgrund ihrer Gruppenzugehörigkeit und ihres Status an der Spitze der Hierarchie genossen haben, alle in Gefahr sind", so Jardina. *If you're accustomed to privilege, equality feels like oppression*, lautet ein geflügeltes Wort: Wer an Privilegien gewöhnt ist, für den fühlt sich Gleichberechtigung wie Unterdrückung an. Dieses Gefühl greifen die Republikaner um Trump auf. Mit einer Politik, die sich besonders an jene richtet, die zuvor zu den Gewinner:innen gehörten, und ihnen vermittelt: Ihr verliert, wenn andere gewinnen.

Das funktioniert sowohl bei wirtschaftlichen als auch bei sozialen Abstiegsängsten. Hinzu kommt aber auch: Wir leben nicht nur demografisch in einer Umbruchszeit.

Krisen und Kriege: Veränderungserschöpfung

Kriege und Klimakrise, Inflation, Corona, Künstliche Intelligenz – die Gegenwart ist eine Zumutung. Das bereitet vielen AfD-Wähler:innen Sorgen. 91 Prozent all jener, die 2024 die AfD bei den Europawahlen gewählt haben, sagen: Ich mache mir Sorgen, dass sich unser Leben in Deutschland zu stark verändern wird. Sie sind, wie zahlreiche andere Menschen in Deutschland, mit den Umwälzungen der Gegenwart überfordert. Das haben auch die Soziologen Steffen Mau, Thomas Lux und Linus Westheuser herausgefunden. Bei einer Umfrage für ihr Buch *Triggerpunkte* gaben 44 Prozent der Befragten an, es falle ihnen angesichts des aktuellen sozialen Wandels schwer, den Anschluss zu halten. 30 Prozent antworteten mit „teils/teils".

In Zeiten zahlreicher Krisen sagen drei von vier Leuten in Deutschland also zumindest in der Tendenz: Wir kommen nicht mehr mit. Die Welt ist aus den Fugen geraten, der Wandel ist zu schnell und wir verlieren den Anschluss. Dieses Gefühl ist besonders in einfachen Berufsklassen, bildungsarmen Gruppen und in den unteren Einkommensschichten verbreitet. Klar, je weniger Mittel einem zur Verfügung stehen, desto schwieriger ist es, sich an die neuen Umwälzungen anzupassen, die auch unser aller Leben verändern: Wenn das Gemüse oder der Liter Diesel plötzlich doppelt so viel kostet wie vorher, belastet das Geringverdienende deutlich mehr.

Mau, Lux und Westheuser haben einen Begriff für dieses Gefühl der Überforderung geprägt: „Veränderungserschöpfung". Die Symptome bei Betroffenen: Unzufriedenheit,

Ohnmacht und Unmut. Ein Gefühlscocktail, der den perfekten Nährboden für politische Wut bildet. Auch das zeigt die Studie der Soziologen: Drei von vier Veränderungserschöpften gaben auch an, dass politische Diskussionen sie oft wütend machen. „Wer nicht mehr mitkommt und das Gefühl hat, abgehängt zu sein, schäumt oft innerlich, wenn er oder sie die politischen Diskurse verfolgt oder an ihnen teilnimmt", schreiben die Soziologen. Sie haben beobachtet, dass die Wut der Veränderungserschöpften sich besonders gegen Menschen richtet, die die Umbrüche symbolisieren oder sich mit ihnen beschäftigen. Das können zum Beispiel Migranten sein oder Klimaaktivistinnen, die sich auf die Straße kleben. Sie sorgen für Gereiztheit bei denjenigen, die sich als Verlierer des Wandels wahrnehmen. Und diese Gereiztheit lässt sich politisch hervorragend ausbeuten.

Darüber hat die israelische Soziologin Eva Illouz ein ganzes Buch geschrieben: *Undemokratische Emotionen*. „Nur Gefühle verfügen über die Macht, empirische Beweise zu leugnen", schreibt sie. Sie schaffen es, „unsere Motivation zu bestimmen, unsere eigenen Interessen in den Schatten zu stellen und dabei zugleich Antworten auf konkrete soziale Situationen zu geben." Illouz sagt, der Populismus sei eine Strategie, um „eine soziale Erfahrung umzucodieren." Sie versteht ihn also weniger als einheitliche Weltanschauung, sondern als politische Taktik, um unsere Wahrnehmung der Realität gezielt in Gefühle umzuwandeln. Genauer gesagt: in Angst, Abscheu oder Ressentiment und in Liebe zur eigenen Nation.

In anderen Worten, Rechtspopulist:innen greifen den Unmut der Bevölkerung auf und deuten ihn durch ihre Erzählungen um: Die Ausländer:innen sind schuld. Die EU beraubt euch. Die NATO hat uns ins Chaos gestürzt, nicht Putin. So geben sie den Gefühlen politische Relevanz und Wirksamkeit. Erfahrungen des Unbehagens werden so, sagt Illouz, „in eine bestimmte Reihe von Vorstellungen und Gefühlen codiert."

Damit das Gefühl von Veränderungserschöpfung politisch relevant wird, muss es also mit bestimmten emotionalen Interpretationen verknüpft werden. Das machen Parteien und Politiker:innen sehr gezielt. „Sie sprechen die Wählerschaft unmittelbar mit Erzählungen an, die sie mithilfe von Beratern, Expertinnen und PR-Fachleuten austüfteln", schreibt Illouz. Menschen, die sich zurückgelassen fühlen, überfordert mit der Weltlage sind, oder Angst vor dem eigenen Abstieg haben, suchen nach Erklärungen, Politiker:innen und Parteien liefern sie. Dabei ist nicht unbedingt entscheidend, ob die Erklärungen faktisch korrekt sind, sondern ob sie sich korrekt anfühlen. Das Unbehagen über die eigene wirtschaftliche Situation transformieren Rechtspopulist:innen so in Hass gegen Migrant:innen, die einem vermeintlich die Jobs wegnehmen. Aus Unmut über ein Heizungsgesetz schöpfen sie Hass auf „die da oben".

Rechtspopulistische Parteien perfektionieren dieses Vorgehen. Sie nutzen die Veränderungserschöpfung der Menschen wie einen Rohstoff und verwandeln sie mithilfe ihrer Deutungsangebote in Hass, Angst, Abscheu oder übersteigerten Patriotismus – um daraus politischen Profit zu schlagen. Dabei gilt: Je stärker sie das Unbehagen anstacheln, desto mehr Profit können sie später daraus schlagen. Mau, Lux und Westheuser beschreiben Populist:innen deshalb als „Polarisierungsunternehmer". So nennen sie politische Akteur:innen, deren Profilierung vor allem über die „Erzeugung und Kapitalisierung polarisierter Auseinandersetzungen" erfolgt. Die Strategie: Konflikte säen, Fronten bilden, Gräben vertiefen, um dann davon zu profitieren.

Dafür eignen sich laut den Soziologen besonders „ungesättigte" Konflikte, also gesellschaftliche Auseinandersetzungen, die sich noch in Bewegung befinden: Migration, Genderfragen, Klimaschutzpolitik. Für „Polarisierungsunternehmer" sind das Märkte, aus denen sie Kapital schöpfen können. Einerseits, wenn sie durch Provokationen und Grenzüberschreitungen andere zur Positionierung zwingen, starke Zustimmung oder heftige Abwehr hervorrufen und so für Empörung sorgen und sich selbst und das Thema zum permanenten Gesprächsgegenstand machen. Andererseits, indem sie jeden Aspekt eines solchen Konfliktes – Gendersternchen, Wölfe, das Lieferkettengesetz – zu einem vermeintlichen Zwang einer abgehobenen Politik-Elite aufbauschen und sich selbst als die letzten Verteidiger der Freiheit inszenieren. Die Botschaft lautet dann: Auch das noch, aber nicht mit uns! Wir sorgen dafür, dass Du Ruhe hast.

Anti-System-Politik

Im August 2024 gab der frühere FDP-Innenminister Gerhart Baum der *Zeit* ein Interview. Es ging nach dem Anschlag von Solingen um die Ohnmachtserfahrung der Bevölkerung im Angesicht von Terror und die Überforderung des Staates. „Man traut dem Staat nicht mehr zu, die notwendigen Entscheidungen zu treffen", sagt Baum. „Von der Bahn bis zur Terrorismusbekämpfung". In nur einem Satz fasste er eines der zentralen politischen Probleme der Gegenwart zusammen.

„70 Prozent der Deutschen halten den Staat für überfordert". Das titelte der *Spiegel* wenige Monate zuvor, im Juni 2024. Anlass war eine repräsentative Befragung des Meinungsforschungsinstituts Forsa im Auftrag des Deutschen Beamtenbundes. Laut der Umfrage halten knapp drei Viertel der Bevölkerung den deutschen Staat für überfordert. Unter der AfD-Wählerschaft waren es sogar 90 Prozent. Nur ein Viertel der Befragten glaubt daran, dass er seine Aufgaben erfüllen kann. In derselben Umfrage kam auch heraus: Nur 14 Prozent der Befragten vertrauen den Politiker:innen im Land.

Eine Studie der Körber-Stiftung kommt zu ähnlich alarmierenden Ergebnissen: Während im Herbst 2021 knapp ein Drittel (30 Prozent) der Befragten angab, weniger großes oder geringes Vertrauen in die deutsche Demokratie zu haben, stimmen dieser Aussage im Sommer 2023 mehr als die Hälfte (54 Prozent) zu. Auch das Vertrauen in die Parteien ist stark rückläufig. Gaben im Jahr 2020 noch 29 Prozent der Bundesbürger:innen an, Parteien zu vertrauen, so sank der Wert auf 20 Prozent im Jahr 2021 und erreicht 2023 mit nur 9 Prozent einen dramatischen Tiefpunkt. Laut der Studie sind 71 Prozent der Befragten der Meinung, dass führende Gesichter in Politik und Medien in ihrer eigenen Welt leben, aus der sie auf den Rest der Bevölkerung herabschauen. 46 Prozent der Befragten finden, dass es im Land weniger bis gar nicht gerecht zugeht.

Es scheint also, als gehe noch ein weiteres Gefühl mit den großen Krisen und Kriegen, mit Veränderungserschöpfung und Angst vor dem eigenen Abstieg einher: das Gefühl, dass der Staat nichts mehr auf die Reihe bekommt und all die Probleme und Herausforderungen der Gegenwart nicht lösen kann. Man könnte von einer Inkompetenzvermutung sprechen: Ein Großteil der Bevölkerung hat das Gefühl, der Staat könne ihre Probleme nicht mehr lösen. Das gilt besonders für Menschen, die mit Rechtspopulist:innen sympathisieren.

Ein vergleichender Blick auf die Wählerschaft der AfD und des Rassemblement National in Frankreich zeigt: Ihre Unterstützer:innen leben häufig an Orten, an denen der Staat kaum noch präsent ist. Eine Studie der Friedrich-Ebert- und der Jean-Jaures-Stiftung spricht vom Leben „in der Leere". So bezeichnet die Studie Orte, an denen die öffentliche Infrastruktur verschwindet, Schwimmbäder schließen, das nächste Krankenhaus oder der Supermarkt viele Kilometer entfernt liegt und der Bus nur alle paar Stunden vorbeifährt. In Frankreich ist das vor allem der Norden, in Deutschland besonders die ländlichen Gegenden in Ostdeutschland. Beide Regionen haben seit Jahren mit extremer Abwanderung zu kämpfen, Millionen Menschen ziehen fort. Unter denen, die bleiben, herrscht Frust. Das Gefühl, vergessen zu werden. Und die Annahme, die Politiker:innen in Paris und Berlin seien viel zu weit weg von dieser Realität, als dass sie sich um die Belange vor Ort kümmern könnten.

Der Politikwissenschaftler Jonathan Hopkin bezeichnet Populismus als „Anti-System-Politik". Er sagt, dass das Aufkommen des Populismus ein Symptom für ein tieferes Problem ist: Die Verwandlung der liberalen Demokratie in eine „neoliberale Demokratie". Während in vielen westlichen Ländern nach dem Zweiten Weltkrieg einen Wohlfahrtsstaat geschaffen wurde, der den Kapitalismus in Schach hielt, haben Politiker:innen ab den 1970er Jahren diesen Wohlfahrtsstaat und die Aufgaben des Staates allgemein nach und nach reduziert. Der Markt sollte das Leben regeln, der Staat sich aus der Wirtschaft heraushalten. Das sahen spätestens mit Gerhard Schröder in Deutschland oder Tony Blair in Großbritannien auch sozialdemokratische Politiker so. Der Neoliberalismus verbreitete sich – und war selbst dann Maßstab des politischen Handelns, als 2008 die weltweite Finanzkrise die Welt ins Chaos stürzte. Während europäische Regierungen Banken retteten, verloren Hunderttausende ihre Ersparnisse, Jobs und Zukunftshoffnungen. Gleichzeitig nahm auf der einen Seite die Armut zu, genau wie die Anzahl der prekären Beschäftigungen. Auf der anderen Seite wurden die Superreichen immer reicher, die Mieten immer teurer und die Schulen immer maroder. Die Enttäuschung darüber, von der Politik im Stich gelassen zu sein, hat laut Hopkins ab den 2010er Jahren dazu geführt, dass Menschen dem Staat nicht mehr vertrauen und mit ihrer Wahl populistischer Bewegungen ein fundamentales Nein zu den aktuellen Zuständen ausdrücken.

„Anti-System-Politik entsteht aus dem Versagen unserer politischen Institutionen, die Forderungen der Bevölkerung zu repräsentieren," schreibt Hopkin. Tatsächlich „wurzeln die Umwälzungen des zweiten Jahrzehnts des 21. Jahrhunderts im Versagen des Neoliberalismus, weit verbreiteten wirtschaftlichen Wohlstand und demokratische Verantwortlichkeit zu gewährleisten". Und weiter: „Bankenrettungen und Sparmaßnahmen waren politische Entscheidungen, und es konnte nicht erwartet werden, dass die Bürger ihren Folgen gegenüber gleichgültig bleiben".

In einem solchen Kontext sind die Wähler:innen rechtspopulistischer Parteien die einzigen, die noch daran glauben, durch Wahlen etwas verändern zu können. Rechtspopulist:innen haben derzeit ein Monopol auf politische Veränderung. Das liegt auch daran, dass sie die Sorgen und Ängste, die Veränderungserschöpfung, das Gefühl der Status-Bedrohung und die rechtsextreme bis rechtsoffene Gesinnung der Bevölkerung richtig zu instrumentalisieren wissen. Dank einem Werkzeugkasten voller Strategien.

Rechtspopulistische Strategien

„Die Formel ‚zwei plus zwei gleich fünf' hat auch ihren Reiz."
(Fjodor Dostojewski)

„Die Essenz der Desinformation ist das Provozieren, nicht das Lügen."
(James Jesus Angleton)

Sylt, im Mai 2024: In Polo-Shirts, weißen Hemden und Segelschuhen feiert eine Gruppe junger Leute auf der Terrasse der Pony-Bar den Frühsommer. Deutschlands Oberschicht trifft sich zu Pfingsten. Eintrittspreis: 150 Euro. Mit einem Aperol Spritz in der Hand und einem Lächeln auf den Lippen grölen sie vor sonnengefluteten Reetdächern zur Melodie von Gigi D'Agostinos *L'Amour Toujours* „Deutschland den Deutschen, Ausländer raus". Einer der Teilnehmer, den Pullover lässig um die Schultern gebunden, zeigt mutmaßlich den Hitlergruß und imitiert mit zwei Fingern ein Hitlerbärtchen. Eine junge Frau schaut in die Kamera und grinst. Niemand scheint irritiert, alle wippen fröhlich mit und haben eine gute Zeit, während sie der deutschen Öffentlichkeit die Ergebnisse der Mitte-Studie performativ vor Augen führen. Wie erwähnt: Jeder zwölfte Deutsche hat ein geschlossen rechtsextremes Weltbild. Hinzu kommen 20 Prozent der Bevölkerung, die sich in einer

Art Graubereich befinden und rechtsextremen Aussagen zwar nicht klar zustimmen, sie aber auch nicht ablehnen.

Knapp eine Woche nach der Aufnahme geht das Video viral. Hunderttausende sehen es innerhalb weniger Stunden und die algorithmusbefeuerte Empörungs-Maschinerie der sozialen Medien nimmt ihren Lauf. Likes, Kommentare, Memes und Interaktionen befeuern sich gegenseitig. „Was ist das für ein absurder Wahnsinn?", fragt Ricarda Lang, damals noch Chefin der Grünen. „Gegen solche Taten gehen wir konsequent und mit aller Härte vor", erklärt der CDU-Ministerpräsident von Schleswig-Holstein, Daniel Günther. Olaf Scholz findet das Video „eklig". Andere benutzen denselben Begriff für seine Reaktion, immerhin hatte er ja wenige Monate zuvor im *Spiegel* noch gefordert: „Wir müssen endlich im großen Stil abschieben".

Memes über die Sylter Gruppe machen die Runde. Auf seinem Instagram-Profil teilte die Pony-Bar zu Ausschnitten des Videos ein Statement, in dem sich die Betreiber „von jeder Art Rassismus und Diskriminierung" distanzieren. Das Fachkommissariat für Staatsschutz nimmt Ermittlungen wegen Volksverhetzung und des Verwendens von verfassungswidrigen Kennzeichen auf. Die rechtsextremistische Rapper-Crew „Neuer Deutscher Standard" fährt nach Sylt, um ihr neuestes Musikvideo zu drehen. Anschließend trinken sie einen Aperol in der Pony-Bar und schreiben auf Instagram: „Danke für die nette Bewirtung".

Und die AfD? „Lasst die Leute feiern", fordert AfD-Politiker Reimond Hoffmann. „Ich komme im Sommer nach Sylt", verkündet Anna Leisten, Landesvorsitzende der Jungen

Alternative (JA) in Brandenburg auf der Plattform X und fragt mit einem Sonnen-Emoji und einem Deutschlandfähnchen: „Gibt es da schon eine JA?" Der bayerische AfD-Landtagsabgeordnete Rene Dierkes findet die ganze Aktion „stabil" und fordert die gezeigten Personen auf, sich für Jobs in seinem Landtagsbüro zu bewerben. Das könnte für die Betroffenen auch notwendig sein. Denn einige derjenigen, die in dem Video zu sehen sind, verlieren kurz nach der Veröffentlichung ihre Jobs. Blöd gelaufen, könnte man meinen.

Aber das Gegenteil ist der Fall. Für die Strategen der Neuen Rechten ist das Ganze ein riesiger Erfolg. Denn einerseits haben sie eine sich selbst befeuernde Empörungsdynamik losgetreten. Andererseits hat das Video innerhalb weniger Stunden dafür gesorgt, dass Millionen von Menschen beim nächsten Mal, wenn sie Gigi D'Agostinos *L'Amour Toujours* hören – auf dem Schützen-, oder Stadtfest, in der Disco oder beim Fußballschauen – nicht anders können, als innerlich an diese andere Version zu denken. Da wird diese leise Stimme sein, die pfeift: „Döp dö dö döp, ... Ausländer raus". Das ist Metapolitik aus dem Lehrbuch.

Rechte Metapolitik

„Niemand muss rechtsextreme Umtriebe in Deutschland suchen, sie verstecken sich nicht", schreibt der Journalist Christian Vooren in der Zeit nach der Veröffentlichung des Videos. Er hat recht. Und der Vorfall auf Sylt steht nicht in einem luftleeren Raum. Das Lied *L'Amour Toujours* stammt aus dem Jahr 2001. Im Songtext der Original-Version heißt es: „Oh, baby, every day and every night, well, I said everything's gonna be alright, and I'll fly with you". Der Inhalt könnte kaum nichtssagender sein. Doch als das Sylt-Video viral geht, ist der Song in rechten Kreisen offenbar schon seit Monaten in seiner abgewandelten, rassistischen Version ein Hit.

Bergholz, ein 315-Einwohner-Dorf in Mecklenburg-Vorpommern, im Oktober 2023: Bei einem Erntefest grölt eine Gruppe junger Menschen die rassistische Parole zum gleichen Lied – unter anderem soll der Sohn des lokalen Bürgermeisters darunter gewesen sein. Laut Recherchen des *NDR* war dieser Vorfall der Startschuss für die virale Verbreitung des rassistischen „Ohrwurms". Ein Video des Abends machte die Runde. Dann, im Dezember 2023, soll auf einer Weihnachtsfeier in der emsländischen Stadt Messingen schon bei den ersten Tönen des Songs eine Gruppe von etwa 15 Party-Besucher:innen angefangen haben, rassistische Parolen zu singen.

Auch bei Volksfesten in Landsberg am Lech oder in Weiden in der Oberpfalz soll laut *Bayerischem Rundfunk* die Nazi-Version des Songs gegrölt worden sein. Und im Januar 2024 sollen laut *BR* am Rande des AfD-Landesparteitags in Greding im Altmühltal AfD-Mitglieder, Landtagsabgeordnete der AfD und Mitglieder der Jungen Alternative die rechtsextremen Parolen zu dem Song gesungen haben. Sie hatten ihn sich extra beim DJ gewünscht, heißt es. Das war vor Sylt. Doch nach der Veröffentlichung des Videos sind die Meldungen über ähnliche Vorfälle explodiert, besonders nach Beginn der Fußball-Europameisterschaft.

Inzwischen gab es Vorfälle in Schramberg, Neuschönau, Erkheim, Grevesmühlen, Neubrandenburg, Rostock, Nordstemmen, Bad Salzdetfurth, Neustadt an der Weinstraße, St. Wendel, Dessau-Roßlau, Aschaffenburg, Eichwalde, Bremen, Gützkow, Penkun, Elze, Schiffweiler, Saarbrücken, Güstrow, Kaiserslautern, Nünchritz, Dresden, Thurmansbang, Neustrelitz, Saarlouis, Wernigerode, Traunstein, Greifswald, Mainz, Magdeburg, Halberstadt, Jena. Und das sind nur die Vorfälle, die zwischen dem 14. und 21. Juni 2024 bekannt wurden. Also in sieben Tagen. Laut Recherchen von *Zeit Online* haben die Strafverfolgungsbehörden der Länder bis Juni 2024 mindestens 346 Fälle registriert, bei denen zu *L'Amour Toujours* rechtsextreme Parolen gesungen wurden: „Beim Public Viewing, auf Fan-Paraden, auf Strandpartys und Parteitagen, in der Erstaufnahme für Geflüchtete, aber auch während des Schulunterrichts im Klassenzimmer".

Eine rassistische Neuinterpretation eines Disco-Hits erobert die Herzen der Deutschen. Erst sickert die Nazi-Version des Songs über Monate hinweg aus TikTok-Videos langsam auf die Dorffeste und in die Partykeller der Nation. Dann nimmt die Anzahl der Google-Anfragen zu „Gigi D'Agostino" und „Ausländer raus" zu. Schließlich wird der Nazi-Ohrwurm zu einer Art rechtsextremen Sommerhit. Überall im Netz sind Videos zu finden, auf denen vor allem Männer grölend durch Deutschlands Innenstädte ziehen. Und hinter all dem steckt Strategie. Denn die radikale Rechte weiß: Kulturelle Trends prägen die Politik.

„In Deutschland tobt ein geistiger Bürgerkrieg." Mit diesen Worten begrüßt der rechtsextreme Publizist, Autor und Höcke-Freund Götz Kubitschek im Herbst 2023 die Teilnehmenden der Sommerakademie seines Instituts für Staatspolitik (IfS). Vor 160 Gästen erklärt er, worum es ihm in diesem Krieg geht: „Um die Vorherrschaft auf medialem, sprach- und geschichtspolitischem Feld, um Deutungshoheit, um die Staatsidee einer großen Nation." Das IfS ist eine rechtsextreme Denkfabrik und Kubitschek einer der einflussreichsten Strategen des völkischen Umfelds der AfD. Seinen Krieg führt er bereits seit Jahren – und zwar mit einer Strategie, die rechte Vordenker über Jahrzehnte hinweg entwickelt haben und sich dabei vor allem an den Ideen eines linken Theoretikers bedienten.

Der marxistische Philosoph und Mitbegründer des Partito Comunista Italiano, Antonio Gramsci, wurde im Juni 1928 von der faschistischen Justiz Mussolinis zu zwanzig Jahren Haft verurteilt. Zuvor hatte der zuständige Staatsanwalt gefordert: „Wir müssen für zwanzig Jahre verhindern, dass dieses Hirn funktioniert." Das klappte trotz seiner Haft nicht. Im Gefängnis schrieb Gramsci seine berühmten *Gefängnishefte*. Darin setzte er sich mit der Frage auseinander, unter welchen Bedingungen politische Macht erobert und erhalten werden kann. Die Frage war für ihn besonders wichtig, denn der Kampf linker Bewegungen gegen den Faschismus in Italien war massiv gescheitert. In seinen Überlegungen kam Gramsci zu dem Schluss, dass militärische Gewalt alleine nicht ausreiche, um politische Macht zu gewinnen und langfristig zu sichern. Viel wichtiger sei es, zunächst breite Zustimmung in der Bevölkerung für die eigenen politischen Ideen zu erlangen. Kulturelle Macht gehe der politischen Macht voraus, glaubte er. Im Umkehrschluss bedeutet das: Vor der politischen Revolution braucht es eine geistige oder kulturelle.

Besonders wichtig war ihm dafür die Zivilgesellschaft, also Vereine oder Vereinigungen aus den Bereichen Kultur, Sport, Medien und Gewerkschaften, die auf die Meinungsbildung der Gesellschaft Einfluss nehmen. Das langsame Einsickern der eigenen politischen Ideen in diese Zivilgesellschaft – und damit in die breite Masse der Bevölkerung – sah Gramsci als essenzielle Voraussetzung für das Gelingen der späteren politischen Machtübernahme. Dieses Konzept nannte er „kulturelle Hegemonie". Eine Schlüsselrolle, um sie zu erlangen, spielen „organische Intellektuelle": Sie sollen politische Ideen am Stammtisch, auf der Arbeit und im Fußballverein unter die Menschen bringen. Er ahnte damals wohl nicht, welchen Weg seine Gedanken nehmen sollten. Heute freuen sich die Vordenker der Neuen Rechten darüber, dass „dieses Gehirn" nicht für zwanzig Jahre am Denken gehindert wurde. Denn Europas sogenannte Neue Rechte bedient sich massiv an Gramscis Ideen, um den eigenen Weg an die Macht vorzubereiten.

Bereits unmittelbar nach dem Zusammenbruch des „Dritten Reiches" hatten rechtsradikale Vordenker in Europa begonnen, sich mit Strategien zur Erlangung kultureller Hegemonie auseinanderzusetzen. In Frankreich gründete sich damals die sogenannte Nouvelle Droite, die Neue Rechte. Im Gegensatz zur „alten" Rechten will sie sich von offenen Rassenkonzepten und der Huldigung des Nationalsozialismus distanzieren. Stattdessen verfolgt sie eine Ideologie der Verschiedenartigkeit der Kulturen, die nicht miteinander kompatibel seien, den bereits erwähnten „Ethnopluralismus". Dahinter steckt jedoch derselbe Gedanke: Ethnische Zugehörigkeit produziert angeblich eine bestimmte Kultur. Das bekannteste und einflussreichste Gesicht der Neuen Rechten, der französische Denker Alain de Benoist, forderte in den 1960er Jahren, die „Infrastruktur" der Kultur mit „intellektuellen Mitteln" zu erobern. In seinem Aufsatz *Was ist die Neue Rechte?* verwies er darauf, dass die „Neue Rechte" nicht als politische Bewegung verstanden werden dürfe. Vielmehr sei sie eine „Kulturbewegung, die nicht direkt an den Problemen unmittelbarer Politik interessiert ist, sondern theoretische, grundsätzliche Studien bevorzugt, die einen gewissen Abstand von der Tagespolitik erfordern."

Mit seinem Buch *Kulturrevolution von Rechts* begründete Alain de Benoist das, was heute als Metapolitik von rechts bekannt ist. Dahinter steckt die von Gramsci übernommene Grundannahme, dass ein geistiger und kultureller Wandel einem politischen Wandel vorausgehen muss. Aus Sicht der Neuen Rechten gilt es, zuerst die Wahrnehmung, das Denken und den Alltag der Bevölkerung nach rechts zu drängen, bevor sie ihre Politik tatsächlich umsetzen kann. Das heißt: Die Bevölkerung muss an rechtsextreme oder rechtsradikale Konzepte gewöhnt und herangeführt werden, damit sie anschließend eine politische Machtübernahme akzeptiert. Es geht um einen „Kampf um die Köpfe", eine „Kulturrevolution von rechts".

In den Worten von Götz Kubitschek klingt das dann so: Die Rechten „stürmen Sprach- und Denkblockaden", um „das Unsagbare sagbar" zu machen. Dafür hat die Neue Rechte in den vergangenen Jahrzehnten Think Tanks gegründet, Bücher geschrieben, Podcasts gestartet, YouTube-Kanäle kuratiert. Sie sind persönlich und institutionell eng mit den Rechtspopulist:innen verbunden, liefern ihnen ihr intellektuelles Rüstzeug und versuchen, über Jahrzehnte hinweg unsere Sprachbilder und Assoziationen zu beeinflussen. Sie wollen langsam rechte Begriffe normalisieren, die Grenzen des Sagbaren ausweiten, eine neue Denkweise prägen. Genau deshalb spielt ihnen die massenhafte Verbreitung von Videos wie dem aus Sylt in die Hände: Nachdem es uns auf sämtlichen Social-Media-Plattformen begegnet, wir es dutzende Male gesehen haben, geht es nicht mehr aus dem Kopf.

Das liegt nicht nur an dem Video selbst und an der Reaktion der AfD und ihres Vorfeldes. Dazu tragen auch vermeintlich gut gemeinte Versuche bei, sich von dem Inhalt zu distanzieren: Kurz nach der Veröffentlichung glaubte jemand mit den Zugangsdaten zum SPD-Instagram-Account, es sei eine gute Idee, das Ganze ironisiert für die eigene Wahlkampagne zu nutzen. „Deutschland den Deutschen", postete die SPD. Und darunter, in kleinen Buchstaben: „… die unsere Demokratie verteidigen". Das war sicherlich gut gemeint, zeigt aber bloß das große Dilemma, vor dem demokratische Parteien im Umgang mit solchen Dynamiken stehen: Aus dem Versuch, aus rassistischen Übergriffen selbst Kapital zu schlagen, Likes zu sammeln und die eigene liberale Gesinnung zur Schau zu stellen, resultiert die Weiterverbreitung und Normalisierung rechtsextremer Parolen. Genau solche Reaktionen dürften den Strategen der Neuen Rechten ein Lächeln auf die Lippen zaubern. Denn sie wollen die Köpfe und Denkstrukturen der

Nation mit Begriffen wie „Remigration" und „Bevölkerungsaustausch" oder Liedern wie dem umgedichteten *L'Amour Toujours* bevölkern. Sie wollen unser Denken verändern. Wenn dieses Ziel einmal klar ist, ergibt auch die rechtspopulistische Empörungsstrategie Sinn.

Unendliche Empörung für das Volk: Das rechtspopulistische Perpetuum mobile

Dezember 2023: Donald Trump ist zu Gast im rechtskonservativen Fernsehsender *Fox News*. Der Moderator Sean Hannity, ein Freund Trumps, will ihm die Gelegenheit geben, zahlreiche negative Schlagzeilen der vergangenen Monate ins rechte Licht zu rücken. „Under no circumstances, you are promising America tonight, you would never abuse power as retribution against anybody?", fragt er Trump. Ob er verspreche, unter keinen Umständen seine Macht als Präsident zu missbrauchen. Doch anstatt dem Moderator die erwünschte Antwort zu geben, antwortet Trump. „Nein, nein, abgesehen vom ersten Tag."

Trump will „nur" am ersten Tag seiner zweiten Präsidentschaft ein Diktator sein. Tagelang berichtet die internationale Presse über die Aussage. Die einen klagen an. Die anderen winken ab. Trumps Team sagt später, dass er mit seiner Aussage bloß die Linke habe „triggern" wollen. Sie sollen sich aufregen. Zwei Monate später titelt die *Washington Post*: Zwei Drittel aller Republikaner unterstützen Trumps Plan, „Diktator für einen Tag" zu werden. Fortan findet sich in den allermeisten Berichten über die Trump'sche Wahlkampagne ein Verweis auf die Äußerung. Trump selbst dürfte zufrieden sein. Denn er hat mit einer einfachen Provokation wieder einmal jene Dynamik in Gang gesetzt, die die österreichische Sprachwissenschaftlerin Ruth Wodak das „rechtspopulistische Perpetuum mobile" nennt.

Ein Perpetuum mobile ist eine Maschine, die sich – einmal in Gang gesetzt – immer weiter bewegt, ohne dass sie Energie von außen braucht. Sie hält sich selbst am Laufen. In der physischen Welt ist so etwas unmöglich. Aber genauso funktioniert nicht nur Trumps Kommunikationsstrategie, sondern die der meisten radikalen Rechtspopulist:innen weltweit. Sie folgt immer demselben Muster: Zunächst erreicht man mit grenzüberschreitenden Aussagen und kalkulierter Empörung massenhafte Aufmerksamkeit in den sozialen Netzwerken und in der medialen Berichterstattung. Das setzt die Maschinerie in Gang. Einmal in Bewegung, dreht sich das rechtspopulistische Perpetuum mobile dann immer weiter: Auf jede Provokation und jeden Skandal folgen breite Aufmerksamkeit und Empörung der politischen Gegner, was die Eskalation der Debatte nur befeuert. Warum moralische Empörung als Reaktion kontraproduktiv sein kann, zeigt näher Katharina Ceming im zweiten Band dieser Trilogie. Mit Empörung wird jedenfalls nicht nur der Skandal, sondern auch die Begriffe und die Ideologie der Rechtspopulist:innen in die Welt getragen und bekommen breite Aufmerksamkeit. Falls der sozial-mediale Gegenwind zu stark ist, relativieren die Gescholtenen das Gesagte, rudern zurück oder behaupten, das nicht so gemeint zu haben. Normalerweise berufen sie sich auf das Recht auf freie Meinungsäußerung. Gleichzeitig stellen sie sich als Opfer einer großen Verschwörung und Zensur-Kampagne dar. Der Cancel-Culture-Staat will ihnen den Mund verbieten. Die Diktatur naht. Nebenbei werfen sie Fragen auf: Wer steckt eigentlich wirklich hinter der Empörung? Die Elite, die uns von ihrer Macht fernhalten will? Solche Behauptungen dienen dann als Rampe für den nächsten Angriff oder die nächste Skandal-Meldung. Immer wieder werden noch dreistere Provokationen gesetzt, um damit sämtliche Aufmerksamkeit auf sich zu lenken. Medien und Politiker:innen müssen sich damit beschäftigen und reagieren. Die Trumps und Weidels dieser Welt dementieren und inszenieren sich erneut als Opfer einer großen Kampagne und Verschwörung der Altparteien, ihre Anhänger:innen versammeln sich hinter ihnen. So dreht sich das Perpetuum mobile immer weiter. Dabei spielen Medien und soziale Netzwerke eine besonders große Rolle. Sie treiben das Perpetuum mobile an, denn Provokationen und Skandale sind gut für die Click-Zahlen und damit für die Werbeeinnahmen.

Ruth Wodak sagt, diese Beziehung zwischen Rechtspopulist:innen, ihren politischen Gegner:innen und den Medien funktioniere wie eine Art „ideologische Partnerschaft". Mit weitreichenden Folgen: Mit jedem Fall, in dem Politik, Zivilgesellschaft und Medien auf solche strategische Provokationen reagieren und sie damit aufwerten, rücke das politische Spektrum nach rechts. Der Diskurs verschiebt sich:

„Themen, Argumente, Slogans, Rhetorik und Performance werden akzeptabel und von – meist konservativen – Mainstreamparteien übernommen. Mit solchen Diskursverschiebungen gehen Prozesse der Normalisierung, des Mainstreamings und des *democratic backsliding* einher".

Was mit medialen Provokationen beginnt, führt also über einen Raumgewinn zu einer Normalisierung extremer Positionen, die die demokratische Kultur aushöhlt: Programme, Ideologie und Rhetorik radikaler Rechtspopulist:innen sickern in den politischen Mainstream ein. Die „Grenzen des Sagbaren" werden verschoben. Ganz unauffällig.

Der Journalist Christoph Landerer bezeichnet diese Dynamik im *Standard* als „Dialektik von Empörung und Gegenempörung": Je unsachlicher die Empörung, desto unsachlicher die Gegenempörung. Und je unsachlicher die Gegenempörung, desto höher das Erregungslevel der eigenen Anhängerschaft. Es sei ein ständiges Hin und Her aus Tweets, Reels, Kommentaren, Parlamentsreden, Lügen, Anschuldigungen, Dementis und Statements, das von der einen Seite angestoßen wird, aber letztlich von der kalkulierten sozial-medialen Reaktion der anderen Seite abhängig sei und aufrechterhalten werde. Neben der Diskursverschiebung hat die Strategie noch weitere Vorteile: Sie hält die eigene Anhängerschaft in Erregung und schließt die Reihen, lenkt von sachpolitischen Fragen und dem eigenen Wahlprogramm ab, dient der eigenen Opfer-Inszenierung und bringt die Ideen, Begriffe und Weltanschauungen der radikalen Rechten unters Volk.

Das größere Ziel dieser Empörungsstrategie ist die permanente Beschleunigung gesellschaftlicher Kämpfe. Der Diskurs soll sich weiter zuspitzen, Gräben tiefer werden, Fronten sollen sich verhärten. Rechtspopulist:innen wollen durch ihr Perpetuum mobile eine einfache Dynamik lostreten, die der Journalist Nils Markwardt so zusammenfasst: „Polarisierung, die weitere Polarisierung nach sich zieht, die noch mehr Polarisierung erzeugt". Man könnte auch sagen: Radikalisierung selbst ist die Strategie. Denn sie provoziert immer weitere Aufreger, zu denen sich Medien, Politik und Gesellschaft verhalten müssen. Nach jeder NS-Verharmlosung oder rassistischen Aussage können Rechtspopulist:innen sich dann wieder als Opfer inszenieren und sagen: War doch nicht so gemeint, stellt euch nicht so an. Jede Forderung nach einem Parteiverbot oder der Ächtung bestimmter Politiker:innen ist dann wiederum der performative Beweis dafür, dass die „Altparteien" sich gegen sie verschworen haben, um sie mundtot zu machen.

Deshalb gilt: Je größer und dramatischer der Skandal und die folgende Aufregung, desto besser. Denn das Ziel ist immer, die liberale Demokratie als dysfunktional darzustellen. Und eine Politik, die davon lebt, Probleme zu bewirtschaften, muss diese Probleme so groß wie möglich machen.

Das klappt besonders gut mit Kulturkampfthemen. Denn sie bewirtschaften das Themenfeld der Neuen Rechten – und lassen sich ganz einfach als Problem groß reden. Transpersonen, Gendersprache, Fleisch- und Verbrennerverbot: Das Perpetuum mobile hält sich besonders mit jenen Themen in Bewegung, die mit anekdotische Evidenz arbeiten. Wenn immer eine sachliche Argumentation Rechtspopulist:innen in eine Sackgasse führt, zaubern sie eine Geschichte aus dem Hut, die ihrer Position als Beweis dienen soll: ein College in den USA, das der Gesellschaft angeblich die Transsexualität aufzwingen will. Ein Kollege, dessen Sohn in der Kita mit vegetarischem Essen ausgehungert wird. Oder, sehr beliebt: Weihnachtsmärkte, die aufgrund der Islamisierung des Abendlandes jetzt in Wintermärkte umbenannt werden. Oder *Tagesschau*-Sprecher:innen, die der Gesellschaft jetzt das Gendern diktieren möchten. Gegen solche Zumutungen geht man dann mit einer Politiksimulation vor.

All diese Anekdoten können von irgendwoher kommen und müssen nicht einmal stimmen. Denn Anekdoten sind oft nur schwer überprüfbar. Wenn ein AfD-Politiker zur besten Sendezeit im Fernsehen behauptet, zahlreiche Bürger:innen hätten ihm gesagt, sie trauten sich nicht mehr, ihre Meinung zu sagen, dann mag das stimmen. Oder nicht. Es ist egal. Denn die Anekdote bedient zweierlei Ziele: Einerseits signalisiert sie Besorgtheit und Volksnähe. Andererseits dient sie als Beweis der eigenen Position. Gegen solche Geschichten hilft es wenig, Fakten anzuführen. Die Evidenz entstammt der Anekdote selbst. Und im besten Falle löst sie wieder einmal Erregung unter den ideologischen Gegner:innen aus.

Der rechtspopulistische Werkzeugkasten

Mitte Januar 2024 veröffentlicht die gemeinnützige Investigativ-Redaktion *Correctiv* eine Recherche, die das Land verändern wird. In dem Artikel *Geheimplan gegen Deutschland* geht es um ein rechtsextremes Vernetzungstreffen in Potsdam, an dem im November 2023 neben CDU- und Werteunion-Mitgliedern auch einflussreiche AfD-Politiker und der rechtsextreme Influencer Martin Sellner teilnehmen. Sellner stellt den anderen Teilnehmenden dort sein Konzept der „Remigration" vor. Letztlich zielt es darauf ab, all jene aus dem Land zu drängen, die den Rechtsradikalen nicht in den Kram passen. Auch wenn sie deutsche Staatsbürger:innen sind. „Menschen sollen aus Deutschland verdrängt werden können, wenn sie die vermeintlich falsche Hautfarbe oder Herkunft haben – und aus Sicht von Menschen wie Sellner nicht ausreichend ‚assimiliert' sind", heißt es in dem Bericht.

Hunderttausende Menschen gehen nach der Veröffentlichung auf die Straße. Menschenzüge füllen die Hamburger Innenstadt, das Rheinufer in Köln und die Marktplätze von Chemnitz, Bautzen und Zwickau. Zwei Wochen später steht AfD-Co-Vorsitzende Alice Weidel am Redepult des Deutschen Bundestages. Die Recherche und die Proteste seien eine „beispiellose Verleumdungskampagne" gegen die Opposition, sagt sie, mit erhobenem Zeigefinger und bebender Stimme. In ihrer 10-Minuten-Wutrede klappert Weidel einmal die Hälfte aller Diskursstrategien der radikalen Rechten ab. Es ist ein Lehrbuch-Auftritt der kalkulierten Empörung.

Die *Correctiv*-Recherche sei nichts weiter als „steuerfinanzierte Denunziation gegen eine Oppositionspartei", wettert Weidel – und spricht von Mordaufrufen gegen AfD-Politiker:innen bei den bundesweiten Protesten gegen Rechtsextremismus. Die Demonstrationen seien eine Hexenjagd, alles bloß „unglaubliche Lügen, Verleumdung und übelste Nachrede". Das angebliche Motto der Bundesregierung und der mit ihr verschworenen Medien-Elite: „Wird der Bürger unangenehm, bezeichne ihn als rechtsextrem". All das ist eine klassische Strategie radikaler Rechtspopulist:innen: *Täter-Opfer-Umkehr.*

Die Selbstdarstellung als Opfer funktioniert immer nach dem gleichen Muster. Bei Protesten, Widerspruch oder investigativen Recherchen, die die eigene Radikalität zur deutlich offenlegen oder kritisieren, behaupten Rechtspopulist:innen, das sei alles Teil einer Kampagne, die „die da oben" gegen die wahren Volksvertreter:innen „hier unten" führen. Man wolle die einzig wahre Opposition zum Schweigen bringen. Das sei der eigentliche Skandal. Der Vorwurf: Zensur. Oder gar diktatorische Maßnahmen. So versuchen Weidel und Co. zu erreichen, dass nicht über die erhobenen Vorwürfe – die Pläne Sellners und die Vernetzung der AfD mit Rechtsextremist:innen – gesprochen wird, sondern über eine vermeintliche Unterwanderung der Proteste von Linksradikalen oder die Finanzierung von *Correctiv* durch Gelder der Bundesregierung.

Die Täter-Opfer-Umkehr lenkt von den eigentlichen Vorwürfen ab und stellt sie im Angesicht des angeblich „wirklichen Skandals" als lächerlich und bedeutungslos dar. Das passt hervorragend in die Strategie, anschließend auf eine vermeintliche Elite zu verweisen, die sich angeblich gegen die radikalen Rechtspopulist:innen verschworen hat. In diesem Fall will Weidel sagen: Die Regierung hat sich mit Journalist:innen verschworen, um Vorwürfe gegen uns zu inszenieren, die uns schaden sollen – weil wir das „wahre Volk" vertreten, weil sie

Angst vor uns haben. „Wie kann man von den weiterhin stattfindenden Massenprotesten gegen die Ampelregierung ablenken?", heißt es auf dem Facebook-Auftritt der Partei.

> „Ganz einfach: Man konstruiert einen Skandal und mobilisiert eigene Kostenträger, die dann als Mitte der Gesellschaft auftreten. Linksextreme Antifa, Blockparteienorganisationen, Verbände – sie alle werden zurzeit auf die Straße getrommelt, um gegen die Opposition zu demonstrieren."

Eine ähnliche Dynamik beginnt am 30. Mai 2024, als Donald Trump an seine Anhänger in Großbuchstaben schreibt: *„Ich bin ein politischer Gefangener!"*. Zwei Stunden zuvor war er von einer Jury aus zwölf zivilen Geschworenen in 34 Anklagepunkten schuldig gesprochen worden. Die Jury war davon überzeugt, dass Trump Schweigegeld-Zahlungen an die ehemalige Pornodarstellerin Stormy Daniels als Anwaltskosten verbuchen ließ. So wollte er laut Gericht vertuschen, dass diese Gelder in Wahrheit der Wahlbeeinflussung gedient hatten. Ein historischer Moment. Es war das erste Mal, dass ein ehemaliger US-Präsident schuldig gesprochen wurde. Trump und die republikanische Partei nutzten das sofort geschickt aus, um sich als Opfer einer „Hexenjagd" zu inszenieren. Ihre Erzählung lautete so: Die Demokraten wüssten nicht anders weiter, als eine Justiz-Jagd auf Trump zu orchestrieren. Dieser sei unschuldig und gerate bloß aufgrund seiner guten Umfragewerte ins Visier seiner Gegner:innen. Das ist Täter-Opfer-Umkehr wie aus dem Lehrbuch: So wird man selbst zum Unterdrückten, die eigene Hetzjagd zum Befreiungskampf.

Eine weitere beliebte Taktik: Wenn radikale Rechtspopulist:innen in einer Debatte nichts zu sagen haben oder um die Unterlegenheit ihres Arguments wissen, weichen sie oft auf sogenannte Ad-hominem-Argumente aus. Das heißt, anstatt über Inhalte zu sprechen, attackieren sie den Gegner auf persönlicher Ebene. Frei nach dem Motto: *Shoot the messenger*. Es geht dann nicht mehr darum, was gesagt wurde, sondern wer es sagt. Und warum diese Person lügt. Genau das macht Alice Weidel im Deutschen Bundestag, als sie *Correctiv* immer wieder als „steuerfinanzierte Hilfs-Stasi" bezeichnet.

Das Ziel ihrer Attacken ist klar: Anstatt über die Inhalte des Potsdamer Treffens zu sprechen oder sich gar für diese zu rechtfertigen, soll die Öffentlichkeit über *Correctiv* sprechen. Darüber, dass die Redaktion teilweise mit Steuermitteln finanziert wird und sich mit Politiker:innen der Bundesregierung austauscht. Mit dem richtigen Framing wirkt es dann so, als sei die Recherche das Produkt der Regierungsnähe von *Correctiv*. Dahinter stecke die Absicht der Bundesregierung, mit steuerfinanzierten Pseudo-Recherchen dem politischen Gegner zu schaden. Letztlich haben Ad-hominem-Attacken stets dasselbe Ziel: Sie sollen der Gegenseite ihre Glaubwürdigkeit absprechen, damit nicht nur die eigenen Anhänger:innen, sondern auch alle anderen ihre Argumente und Positionen ignorieren.

In den sozialen Medien war Weidels Auftritt ein voller Erfolg: Er wurde innerhalb weniger Tage allein auf YouTube mehr als zwei Millionen Mal angesehen. Und wer sich die Rede genau anschaut, merkt, dass die schärfsten Passagen immer in der gleichen Form aufgebaut sind und eine ähnliche Länge haben. Das ist kein Zufall.

Die Rede ist ein Paradebeispiel für das, was der Kommunikationsexperte Johannes Hillje als „plattformkonforme Parlamentsreden" bezeichnet. Das ist eine Propaganda-Strategie der Rechtspopulist:innen, deren Zielgruppe eben nicht im Bundestag oder in den Landesparlamenten sitzt, sondern in der digitalen Welt. Auf Instagram, YouTube und TikTok. Um dort die breite Masse zu erreichen, designen Rechtspopulist:innen ihre Reden im Parlament – einem öden Setting – so provokant, dass einzelne Schnipsel später ideal auf allen Social-Media-Kanälen verbreitet werden können. Dort bringt die algorithmusbefeuerte Empörung Millionen von Klicks – und erreicht so ihre tatsächliche Zielgruppe. Denn die AfD in Deutschland oder Donald Trump in den USA haben früher als die politische Konkurrenz verstanden: In den sozialen Medien verbreiten sich emotionalisierte und provozierende Inhalte viel schneller als Fakten. Das Parlament als Bühne zu benutzen, ist erst einmal keine Besonderheit: Auch andere Parteien richten sich in ihren Bundestagsreden an die Öffentlichkeit und nicht an das Parlament selbst. Aber die AfD treibt den Zuschnitt auf die digitale Welt gekonnt auf die Spitze.

Der Aufbau plattformkonformer Reden funktioniert laut Johannes Hillje immer gleich: „Einzelne Redepassagen werden hinsichtlich der Aussage (Radikalität), Länge (60 bis 90 Sekunden) und Form (abgeschlossener, simplifizierender Sinnabschnitt) bewusst so formuliert, dass sie perfekte Kurzvideos für Social Media ergeben." Anschließend werden diese Clips mit zugespitzten Überschriften, provozierenden Emojis oder einem Augenzwinkern auf allen Kanälen verbreitet, wo ein digitaler Mob mit dem Teilen, Liken und Kommentieren beginnt, das den Beitrag in die Newsfeeds anderer User:innen spült. Das heißt: Alice Weidel richtet sich in ihrer Rede nicht an die Anwesenden im Bundestag. Die wissen sowieso, dass viele von Weidels Aussagen einem kurzen Faktencheck nicht standhalten würden.

Aber das ist der AfD egal. Sie will mit ihren Reden nämlich die Millionen von Menschen an ihren Smartphones und Laptops Zuhause erreichen. In knalligen Instagram-Reels oder TikTok-Videos, die Wut, Angst, Empörung oder andere negative Emotionen auslösen – und so dazu führen, dass man sich das Video anschaut und denkt: Klingt irgendwie plausibel. Das klappt besonders gut mit toten Katzen.

Warum Rechtspopulisten tote Katzen auf den Tisch schmeißen

Weiter geht es mit dem nächsten rhetorischen Trick von Alice Weidel. Nachdem die Politikerin die *Correctiv*-Recherche wortgewandt als große Verschwörung einer „Hilfs-Stasi" dargestellt hat, greift sie ein völlig anderes Thema auf: Die Wirtschaftslage in Deutschland. „Deutschland steckt tief in einer Rezension, als einziges Industrieland schrumpft es", beginnt sie – und holt aus:

> „Dafür trägt weder Putin die Verantwortung noch die Welt noch irgendeine herbeifantasierte Weltklimakatastrophe – diese unfähige Regierung trägt als einzige die Verantwortung für das Desaster in diesem Land; Verbotspolitik, Enteignung, Geldverschwendung."

Weidels Worte peitschen durch den Bundestag. An die Bundesregierung gerichtet kritisiert sie: „Ihre Kabinettsmitglieder geben Unsummen für Frisöre und Fotografen aus", die Außenministerin fliege mit „großem Tross in peinliche Missionen ins Ausland". Deutschland müsse sparen, aber „für unsinnige Agrarprojekte in der Welt" gebe die Bundesregierung weiter hunderte Millionen Euro aus. „Die vielzitierten Radwege in Peru sind nur eines von hunderten überflüssigen Entwicklungshilfe-Vorhaben", die die Bürger:innen über 33 Milliarden Euro kosten. „Nur für ihre NGO-Günstlinge". Weidel holt zum letzten Schlag aus: „Sie verpulvern dieses Geld ohne Gegenleistung für Ökokühlschränke in Kolumbien, feministische Außenpolitik in Südafrika, für die Taliban in Afghanistan und für Hamas-Terroristen in Gaza. Selbst nach Indien gehen Milliarden – obwohl Indien zum Mond fliegt", schreit Weidel in den Raum. Ihre Stimme wird immer lauter. „Während bei uns die Infrastruktur zerfällt, die Schulen vergammeln und die Schüler teilweise nicht mal mehr richtig lesen, schreiben und rechnen können." Die Bundesregierung flute das Land mit neuen Migrant:innen und nehme „den Deutschen ihre Heimat". Kurz: Sie richte Deutschland zugrunde. Warum? „Weil sie Deutschland hassen", sagt Weidel. Und zieht die Wörter genüsslich in die Länge. „Diese Regierung hasst Deutschland".

Das ist die klassische *Dead-Cat-Strategie*, ein weiterer Klassiker rechtspopulistischer Rhetorik. Dahinter steht ein Mechanismus, den Rechtspopulist:innen seit jeher perfektionieren: Um von unangenehmen Fragen oder Inhalten abzulenken, versuchen sie, ein anderes Thema zum Gesprächsstoff zu machen. „Das wird, metaphorisch gesprochen, so gemacht, dass man plötzlich eine tote Katze auf den Tisch fallen lässt: Jeder starrt auf diese, sich ganz überraschend dort befindende, tote Katze – und vergisst das andere Thema", erklärt die Sprachwissenschaftlerin Ruth Wodak. Und fügt ein Beispiel an: „Immer wenn es unangenehm wird in der österreichischen Innenpolitik, wird plötzlich über die Schließung muslimischer Kindergärten oder das Tragen des Kopftuchs muslimischer Mädchen gesprochen."

Es gehe den Rechtspopulisten darum, durch strategisch in den Raum gestellte Provokationen von Themen abzulenken. Im Falle von Alice Weidel heißt das: Damit es nicht unangenehm wird, geht es plötzlich um die miserable Wirtschaftslage im Land, um Entwicklungszusammenarbeit und eine „herbeifantasierte" Klimakatastrophe. Jede Menger Aufreger, die vom eigentlichen Thema ablenken sollen: Teile der AfD scheinen davon zu träumen, Millionen von Menschen zwangsweise umzusiedeln, die ihnen nicht in den Kram passen.

Von Hundepfeifen und Strohmännern

Am Nachmittag des 12. April 1945 befreiten US-amerikanische Truppen das Konzentrationslager Buchenwald. Über 50.000 Menschen wurden während der NS-Zeit dort ermordet. Ob ein solches Datum eine kluge Wahl für eine TV-Debatte zur besten Sendezeit mit einer der extremsten Figuren der AfD ist, ist zumindest fragwürdig. Der Fernsehsender *Welt* sah darin offenkundig kein Problem. Also duellierten sich dort im Vorfeld der Landtagswahlen in Thüringen am Abend des 12. April 2024 die Spitzenkandidaten von AfD und CDU, Björn Höcke und Mario Voigt. Anlass war ein Satz, den Höcke am Rande des Europaparteitags der AfD in einem Interview gesagt hatte: „Diese EU muss sterben, damit das wahre Europa leben kann". Voigt ging Höcke dafür an, die *Welt* nutzte die Gelegenheit, um ein TV-Duell auszurichten.

Vor dem Wappen Thüringens befragte das Moderationsteam der *Welt* die beiden Politiker zu Europa, Migration, dem Ukrainekrieg und zur wirtschaftlichen Lage Deutschlands. Ein Hauch von Kanzlerschaftsduell haftete dem Abend an, obwohl nicht einmal der amtierende Ministerpräsident Thüringens, Bodo Ramelow (Die Linke), anwesend war. Das verweist direkt auf die Problematik des Formats: Es handelte sich um ein inszeniertes Medienspektakel, für das die *Welt* bereit war, die ausgewiesen faschistoide Gesinnung von Höcke einem Millionenpublikum vorzusetzen.

Über den Sinn und Unsinn eines solchen Duells darf gestritten werden. Fakt ist: Björn Höcke war sichtbar nervös, verhaspelte sich, schwitzte, ließ sich in die Ecke drängen. Voigt wiederum war sehr gut vorbereitet und zeigte, wie man selbst den extremsten AfD-Politiker:innen Schweißperlen auf die Stirn treibt. Seine Taktik beschrieb der Journalist Martin Machowecz in der *Zeit* in drei Schritten:

> „Es ist die Strategie, erst Höcke eins reinzuhauen (EU ist gut), dann die EU trotzdem zu kritisieren, wie es sich für einen Konservativen gehört (Antiverbrennerverbot und so weiter), dann wieder Höcke eins reinhauen (nur weil mal eine Lampe kaputt ist, Haus nicht abreißen)".

So zu sprechen, sei in mehreren Hinsichten schlau: „Man tut nicht so, als wäre jede Kritik an der aktuellen Lage falsch, aber man macht die Grenze zum Zerstörungswahn klar." Machowecz hat recht. Das grundsätzliche Problem bleibt aber bestehen: Auch wenn Höcke die Plattform nicht ideal für sich nutzte, verbreitete er dennoch radikale Ideen, Lügen und Desinformation und brachte sie an Millionen von Menschen – mithilfe altbekannter Taktiken aus dem rechtspopulistischen Strategiebuch.

Bereits zu Beginn des Gesprächs wollte das Moderationsteam über Europa sprechen. Genauer gesagt: über die Europäische Union. Das Thema war schließlich Anlass für das TV-Duell. Björn Höcke machte schnell klar, was die EU für ihn ist: eine „Globalisierungsagentur", die die deutsche Identität und Wirtschaft zerstöre. Das klingt für die Allermeisten nach einem harmlosen Begriff, ist für Eingeweihte aber als rechtsextremer Code zu erkennen – bei Höckes Begriffswahl handelt es sich um sogenanntes *Dog-Whistling*.

Der Begriff kommt vom englischen Wort für Hundepfeife. Das ist eine Pfeife, die von Hunden gehört werden kann, für Menschen aber kaum wahrnehmbar ist. Sie wirkt geräuschlos. Das heißt: Die einen verstehen sie genau, die anderen nehmen sie nicht wahr. Das beschreibt die Strategie des Dog-Whistlings in der politischen Kommunikation: Rechte Politiker:innen lassen verschlüsselte Aussagen und Codes in ihre Reden einfließen, die für Eingeweihte eindeutig erkennbar sind – für Außenstehende aber schwer zu entschlüsseln.

In diesem Fall gilt: In der rechtsextremen Szene steht „Globalisten" als Chiffre immer für ein ganzes Weltbild. Globalist:innen sind, wie wir bereits gesehen haben, Eliten, die als kosmopolitische Strippenzieher hinter der Kulisse das Geschehen lenken. Seit jeher ist der Begriff antisemitisch codiert: Schon während der NS-Zeit galten Jüd:innen als internationalistisch denkende Geheimmächte, die das „wahre Volk" hintergehen und an der Abschaffung der Vaterländer arbeiten. Während das Wort also erst einmal harmlos klingt, bedient es in der rechtsextremen Szene ein verschwörungstheoretisches Narrativ, das weitflächig verstanden wird.

Die Russlandnähe der AfD ist kein Geheimnis. Dementsprechend überraschte es auch nicht, dass Höcke während des Duells dafür plädierte, auf Wladimir Putin zuzugehen. Nachdem Mario Voigt darauf hinwies, dass es sich in der Ukraine auch um einen Systemkonflikt zwischen einem autoritären Regime und einer demokratischen Regierung handelt, und dass die AfD die NATO verlassen will, um einem Bündnis mit China und Russland beizutreten, erwidert Höcke: „Der Wertewesten ist nicht immer so uneigennützig, wie Sie das gerade darstellen, sehr geehrter Kollege". Anschließend führt er mit Verweis auf Egon Bahr aus, dass Kriege niemals für Demokratie und Menschenrechte geführt werden, sondern immer aus Macht- und Geldinteressen. Das kann man durchaus debattieren. Das Problem ist: Dass der Westen Krieg für Demokratie und Menschenrechte führe, hatte Voigt gar nicht behauptet. Höcke wendet hier ein sogenanntes *Strohmann-Argument* an.

Strohmänner sind ein Klassiker aus der rhetorischen Trickkiste und auch bei Rechtspopulist:innen sehr beliebt. Sie funktionieren so: Statt gegen das tatsächliche Argument der Gegenseite zu debattieren, unterstellen Rechtspopulist:innen ihrem Gegenüber ein Argument, das leichter zu widerlegen ist. Sie kämpfen also gegen einen Strohmann, einen erfundenen Gegner, der leichter zu besiegen ist. Sie verzerren die Position des Gegenübers so, dass sie sich leicht widerlegen lässt. In diesem Falle tut Höcke so, als habe Voigt behauptet, der Westen unterstützte die Ukraine völlig uneigennützig.

Sprechen wir über den Elefanten im Raum: Remigration. – So könnte sich die Frage der Moderatorin verstehen lassen, als sie von Höcke eine Positionierung fordert. Es soll um die *Correctiv*-Recherche gehen. Dann kommt die Überraschung: Höcke will das ganze Konzept der Remigration plötzlich ganz anders verstanden wissen. Er bemüht sich um Beschwichtigung und behauptet, man habe ihn falsch verstanden. Es gehe gar nicht darum, deutsche Staatsbürger:innen abzuschieben. Also will die Moderatorin eine klare Antwort haben.

Sie fragt: „Jemand, der einen Migrationshintergrund hat, aber mittlerweile seit vielen Jahren die deutsche Staatsangehörigkeit besitzt und Zuhause bosnische Musik und bos-

nisches Essen genießt: Darf der bleiben oder muss der gehen?"
„Der darf bleiben", antwortet Höcke und behauptet, eine Abschiebung von Menschen mit solchen Biografien habe er auch nie gefordert. Es gehe der AfD vielmehr darum, Menschen ohne Aufenthaltserlaubnis „möglichst mit Anreizen" dazu zu bewegen, Deutschland wieder zu verlassen.

Da muss selbst Mario Voigt lachen. Denn Höcke versucht sich hier – ohne Erfolg – an etwas, was man *kalkulierte Ambivalenz* nennt. Er versucht, seine Aussagen als mehrdeutig und ambivalent darzustellen – so, als gäbe es verschiedene Interpretationen des Gesagten und die Mainstream-Medien würden ihn zu seinem Nachteil absichtlich missverstehen. Angeblich, so nun die Verteidigung, geht es Höcke bei „Remigration" um etwas ganz anderes: um Deutsche im Ausland, die man ins Land zurückholen, also remigrieren müsse.

Sein rhetorisches Versteckspiel ist Teil einer größeren Strategie, die Rechtspopulist:innen oft nutzen, die aber Höcke in diesem Fall völlig misslang: der *plausible deniability*, also der „glaubhaften Abstreitbarkeit". Das bezeichnet das Vorgehen, sich nach rassistischen Aussagen, Forderungen oder Witzen hinter der Behauptung zu verstecken, das ganz anders gemeint gewesen. Bei Rechtspopulisten ist das ein beliebtes Vorgehen, wenn die Kritik zu groß wird. Laut Ruth Wodak tätigen Rechtspopulist:innen bewusst vage Aussagen, die mehrdeutig sind und Raum für unterschiedliche Interpretation lassen. Das schützt die Sprecher:innen. Am Ende können sie immer behaupten, es nicht so gemeint zu haben. In Höckes Fall aber ist die Ausgangsposition der AfD so eindeutig, dass seine Ausweichstrategie nur noch für Lacher sorgt.

Zurück zu Europa: „Ist die Europäische Union für Deutschlands Wirtschaft und Wohlstand verzichtbar?", will das *Welt*-Moderationsteam von Björn Höcke wissen. Der antwortet sofort: „Auf jeden Fall". Aber meint er das auch so? Will die AfD aus der EU oder nicht? Mal fordert sie das, mal schließt sie das aus. Sie widerspricht sich selbst. Das ist kein irrlichterndes Rumgeeiere, sondern Kalkül: Rechtspopulist:innen widersprechen sich permanent selbst. Schon 2016 wies der Philosoph Michael Lynch in der *New York Times* auf die Taktik des *Selbstwiderspruchs* bei Donald Trump hin. Der widerspreche sich manchmal sogar in einer einzigen Rede oder einem Interview selbst. Seine Anhänger stört das nicht, so Lynch.

Der Grund ist einfach: AfD und andere radikale Rechtspopulist:innen werden so für unterschiedliche Lager anschlussfähig. Studien belegen, dass wir normalerweise nach Bestätigung für unsere eigenen Überzeugungen suchen. Wir picken uns in Aussagen, Reden oder in der Realität jene Aspekte heraus, die unserem Weltbild entsprechen – der Rest fällt schnell unter den Tisch. Wenn die AfD also manchmal den EU-Austritt fordert und manchmal sagt, das wolle sie gar nicht, ist das nützlich. Denn all jene, die aus der EU rauswollen, finden sich bei der AfD wieder, wenn sie den Austritt fordert. Alle anderen glauben ihr, wenn sie sich davon distanziert.

Wer sich selbst widerspricht, erreicht also verschiedene Zielgruppen – und sorgt dafür, dass alle Angesprochenen sich jene Krümel einer Aussage herauspicken, die ihre Weltsicht bestätigen. Bei der AfD heißt das: Sowohl die AfD-Fans, die einen EU-Austritt wollen, als auch jene, die ihn ablehnen, können sie weiter unterstützen. Beide werden sagen: Die Gegenposition vertrete die AfD nur, um die Medien oder die Grünen zu provozieren und hinters Licht zu führen.

Selbstverharmlosung

Zweimal schon trat Marine Le Pen an, um französische Präsidentin zu werden. Zweimal scheiterte sie. Aber nach den Europawahlen und den anschließenden französischen Parlamentswahlen 2024 ist sie ihrem Ziel so nah wie nie zuvor. Was vor 10 Jahren noch unvorstellbar schien, scheint nun fast unausweichlich: Der Rassemblement National (RN) könnte das nächste französische Staatsoberhaupt stellen. Das hat die Partei vor allem der Taktik der *dédiabolisation* zu verdanken. Auf Deutsch: Entdiabolisierung.

Der RN hat sich über Jahre hinweg einen bürgerlichen, harmlosen Anstrich gegeben. Die Umbenennung der Partei von „Front National" zu RN war Teil davon. Genau wie der Moment, als Le Pen ihren Vater aus der Partei schmiss. Oder als sie die Zusammenarbeit mit der AfD im Europaparlament aufkündigte. Le Pen hat es sogar geschafft, dass sich die als Nazi-Jäger:innen bekannten Serge und Beate Klarsfeld hinter ihre Partei stellten, weil sie glauben, der RN positioniere sich klar gegen Antisemitismus. Gelingt der Partei der Schritt an die Macht, hat Le Pen eine Strategie zur Vollendung geführt, an der sich radikale Rechtspopulist:innen weltweit versuchen.

Es ist eine Strategie, die in Deutschland als „Selbstverharmlosung" bekannt ist.

„Selbstverharmlosung ... ist der Versuch, die Vorwürfe des Gegners durch die Zurschaustellung der eigenen Harmlosigkeit abzuwehren und zu betonen, daß nichts von dem, was man fordere, hinter die zivilgesellschaftlichen Standards zurückfalle", schreibt Götz Kubitschek, Vordenker der extremen Rechten in Deutschland, in einem 2017 veröffentlichten Aufsatz in seiner Zeitschrift *Sezession*. Darin beschreibt er die Strategie, mit der die Rechte in Deutschland die „emotionalen Barrieren" einreißen will, die die „Normalbürger" bislang daran hindern, die AfD zu wählen. In anderen Worten: Kubitschek überlegt, wie konservative Wähler:innen über die Ziele der extremen Rechten getäuscht werden können. Schließlich braucht die AfD diese Wähler:innen „zur Eroberung ... der parlamentarischen Verfügungsräume", also um an die Macht zu kommen. Um das zu erreichen, schlägt Kubitschek deshalb drei „ineinander verschränkte Methoden" vor.

Erstens: *Provokation und bewusste Grenzüberschreitung.* Es gelte, immer wieder „in Grenzbereiche des gerade noch Sagbaren und Machbaren provozierend vorzustoßen und sprachliche oder organisatorische Brückenköpfe zu bilden, zu halten, zu erweitern und auf Dauer zum eigenen Hinterland zu machen. Das ist ... nichts anderes als die Schaffung neuer Gewohnheiten", schreibt er. Kubitschek will die breite Gesellschaft an rechtsradikale Positionen und extremes Gedankengut gewöhnen. Was einst Empörung hervorrief, soll in Kultur und Sprachgebrauch einsickern. Das gilt zum Beispiel für den Begriff der „Remigration".

Zweitens: *Auflösung klarer Fronten*. Kubitschek will die Unterschiede zwischen der extremen Rechten und konservativen Parteien wie der CDU verwässern. Er spricht von „Verzahnung". Die Taktik soll für politische Gegner:innen ein „unklares Lagebild" schaffen: Wenn die AfD in einigen Politikbereichen inhaltlich ähnliche Positionen wie die CDU vertritt, fällt es deren Politiker:innen mit der Zeit immer schwerer, ihre Abgrenzung zur AfD verständlich zu begründen. Das wiederum erschwert auch Bürger:innen die Unterscheidung zwischen konservativ und rechts. Diese Strategie verfolgt die AfD besonders in der Kommunalpolitik: Weil es dort oft um Themenbereiche geht, die weit entfernt von bundes- oder europapolitischen Streitigkeiten liegen, gelingt es der AfD, sich als „gar nicht so unterschiedlich" darzustellen. Wenn es um den Bau von Umgehungsstraßen oder Radwegen geht, verschwimmen die ideologischen Unterschiede.

Die dritte und laut Kubitschek wichtigste Methode ist die erwähnte *Selbstverharmlosung*: Rechtsextreme sollen ihre wirklichen Ziele verschleiern, um sich selbst als harmlos präsentieren zu können. Als frischer Wind von rechts, der aber die Demokratie nicht gefährdet. Nur wenn das gelingt, lässt sich laut Kubitschek die breite Masse der Bevölkerung für die AfD gewinnen.

Kubitschek fordert deshalb, die „emotionale Barriere" zwischen der AfD und Teilen der Bevölkerung durch die Vortäuschung von „Unterschiedslosigkeit" abzusenken. Das geschieht bereits: Die AfD inszeniert sich in Talkshows oder Wahlkampfauftritten als eigentlich harmlose bürgerlich-konservative Volkspartei. Ihr Vorbild: Marine Le Pen. Denn auch wenn Le Pens Partei die Parlamentswahlen 2024 in der Stichwahl noch verlor, gibt sie sich zuversichtlich. Der Sieg sei bloß aufgeschoben, heißt es aus dem Rassemblement National.

Nichts ist wahr und alles ist möglich: moderne Propaganda

Im Februar 2024 kündigte Tucker Carlson an, den russischen Präsidenten Wladimir Putin in Moskau zu interviewen. Ihm zuzuhören, sei „journalistische Pflicht". Carlson wurde als Star-Moderator beim extrem rechten Fernsehsender *Fox News* weltberühmt. Inzwischen hat er eine Show auf der Plattform X. Dort streamte er auch das Gespräch mit dem Kreml-Chef. Zweihundert Millionen Menschen sahen das Interview.

Björn Höcke fand, es war ein „historisches Interview". „Ich jedenfalls würde mich freuen, wenn deutsche Mainstream-Journalisten mir in derselben Offenheit begegnen würden!", schrieb er. Und sagte damit eigentlich alles, was zur ideologischen Verwandtschaft von Putin und der AfD zu sagen ist. Währenddessen gingen Nachrichtenmeldungen über das Interview um die Welt. „Putin schließt Angriff auf Polen oder Lettland aus", schrieben unter anderem die *Zeit*, die *Rheinische Post* und der *Deutschlandfunk*. Viele Medien meldeten ähnliche Schlagzeilen. Masha Gessen arbeitet für das US-Magazin *New Yorker* und analysierte die Besessenheit von Putin – der in dem

Interview über 30-mal Polen erwähnte – hingegen treffend in einem einzigen Satz: „Wäre ich Polen, ich hätte Angst".

Gessen hat recht. Ähnlich äußerte sich Putin wiederholt vor seinem Angriff auf die Ukraine 2014. Dort führt er heute einen Krieg, der nicht zu übersehen ist: Kampfdrohnen greifen Städte an, Krankenhäuser brennen, Menschen sterben. Aber Putin führt seit Jahren noch einen weiteren Krieg, und der ist unsichtbar. Es ist der Propaganda-Krieg gegen die liberale Demokratie. Russische Trolle, Bots und Agent:innen sollen das Brexit-Referendum beeinflusst und die katalanischen und schottischen Unabhängigkeitsbewegungen unterstützt haben, um die Europäische Union zu schwächen. Sie sollen 2016 in den US-Wahlkampf eingegriffen haben, um Trump zum Sieg zu verhelfen. Und sie sollen weltweit antidemokratische Bewegungen und Parteien gefördert haben. Auch in Deutschland. Von diesem Propaganda-Krieg haben Rechtspopulist:innen weltweit gelernt.

Wie die Propaganda-Strategie des Kreml funktioniert, lässt sich im Zeitalter der sozialen Medien ironischerweise hervorragend an einem Fernsehsender erklären: „Question more", mehr Fragen stellen. So lautet das Motto des russischen Auslandssenders *RT* (*Russia Today*), der in der Europäischen Union wenige Tage nach Beginn des Großangriffs auf die Ukraine verboten wurde. Als der Sender 2005 gegründet wurde, sollte er ein Gegengewicht zu westlichen Auslandssendern wie *BBC* und *Deutsche Welle* sein. Russland wollte die eigene Sichtweise in die Welt tragen. Der Zeitpunkt war perfekt: Nach dem völkerrechtswidrigen Einmarsch der USA in den Irak, den Enthüllungen über das Foltergefängnis Abu Ghraib und der

Finanzkrise 2008 hatte der Westen seinen Ruf als Hort der Demokratie und Gerechtigkeit verspielt. Die Wut der westlichen Bevölkerung auf das „Establishment" nahm zu, die Skepsis gegenüber Politiker:innen wuchs. Gleichzeitig merkten immer mehr Bürger:innen die Konsequenzen von neoliberaler Politik und Globalisierung. Ein fruchtbarer Boden für Wladimir Putins neuen Sender. Denn *RT* griff diesen Gefühlscocktail auf und befeuerte ihn. Der Sender verkaufte Misstrauen und Hetze als journalistisches Produkt – und machte beides schließlich zu seinem Kerngeschäft: Verschwörungstheoretiker:innen und Rechtsextreme aus aller Welt durften dort ihre Ideologien verbreiten. Der deutsche *RT*-Ableger sendete Hofberichterstattung für AfD und Pegida. Ex-Trump-Berater Steve Bannon war häufig zu Gast, aber auch Sahra Wagenknecht. Wikileaks-Gründer Julian Assange hatte eine eigene Show, genau wie der berühmte US-Journalist Larry King und der ehemalige Ministerpräsident von Schottland, Alex Salmond.

Das Ergebnis war ein weltweit empfangbares Stimmengewirr aus allen politischen Lagern und Ideologien, Promi-Sendungen, Kriegsfilmen, Lifestyle-News, Nachrichten, aufwendig produzierten Dokumentarfilmen, Kreml-Propaganda und Verschwörungserzählungen. Der Sender rechtfertigte das, indem die Führungsspitze demokratische Konzepte umdeutete und für sich nutzte. „Objektivität gibt es nicht", sagte die Chefredakteurin und Putin-Vertraute Margarita Simonjan im Interview mit dem *Spiegel*. Deshalb müsse man alle Stimmen und Meinungen zu Wort kommen lassen. Rechtsextremismus, Verschwörungserzählungen und Holocaustleugnung gehören für sie zur Meinungsvielfalt. Ein intelligentes Argument. Denn so rechtfertigt man nicht nur glaubhaft die Verbreitung von Propaganda, sondern entwaffnet auch Kritiker:innen: Wer offen gegen „Meinungsfreiheit" und Vielfalt ist, ist schließlich undemokratisch. Da ist der Vorwurf der Zensur nicht weit. So entleert man demokratische Konzepte ihres Inhalts und richtet sie als Waffe gegen die Demokratie selbst. Ein Schachzug, der Putins Propaganda-Logik offenbart. Dessen Ziel war nie, die Menschen im Westen von Russland oder dem Kreml zu überzeugen, sondern sie zu verwirren. Das Stimmengewirr soll Chaos stiften, Konflikte verstärken und das Vertrauen der Menschen in demokratische Institutionen und die Medien untergraben. Denn das lähmt eine Gesellschaft.

Im 20. Jahrhundert funktionierte Propaganda noch sehr viel einfacher. Hitler, Mussolini und Stalin fütterten ihre Bevölkerung über Radio und Fernsehen mit einer einheitlichen und in sich schlüssigen Ideologie, die sie in sämtlichen Lebensbereichen begleitete. Im 21. Jahrhundert ist das Gegenteil der Fall: Klar, auch Putin hat ein Weltbild, das ihn leitet. Aber er will davon nicht sämtliche Menschen überzeugen, sondern gezielt Chaos stiften. Dabei helfen ihm auch die Algorithmen der sozialen Medien.

Es ist bekannt, dass der Kreml Troll-Armeen, Fake-Accounts und Bots in sozialen Medien einsetzt. Sie kapern Debatten, verbreiten Desinformationen und simulieren ein öffentliches Meinungsklima, das reales Verhalten und Debatten beeinflusst. So manipuliert man eine digitale Öffentlichkeit, von der weiterhin viele glauben, sie würde wie ein „Marktplatz der Ideen" des Internets funktionieren, auf dem sich die besten Meinungen durchsetzen. Aber auf dem Marktplatz gibt es nur

Geschrei. Digitaler Lärm aus Desinformation ist das Grundrauschen, das alles andere übertönt. Und hinter den wenigsten Schreihälsen stecken reale Personen. Hinzu kommt: Die Marktplätze sind nicht darauf optimiert, faire Debatten zu ermöglichen, sondern ihren Nutzer:innen möglichst lange die Aufmerksamkeit zu stehlen. Zum Beispiel durch Inhalte, die besonders viele Emotionen auslösen.

In diesem Umfeld lassen Putin und Co. maßgeschneiderte Sinn- und Deutungsangebote in unsere Newsfeeds spülen. Nicht, um uns von ihrer Weltsicht zu überzeugen. Sie überfordern uns so lange mit Desinformationen und Meinungen, bis niemand mehr weiß, was letztlich real ist. Alle sollen alles hinterfragen und jeder Nachricht misstrauen. Der totale Zweifel ist Produkt und Strategie von Putins Propaganda. Denn wenn niemand weiß, was wahr ist, fehlt die Voraussetzung jeglicher Verständigung und Handlung.

Es ist ganz einfach: Eine Demokratie lebt vom Streit. Voraussetzung für jede demokratische Auseinandersetzung über Klima-, Bildungs- oder Innenpolitik ist aber, dass man Umgangsregeln und eine gemeinsame Wahrnehmung der Realität teilt. „Selbst Duelle erfordern eine Einigung über die Regeln", schreibt der Politikwissenschaftler Jason Stanley in seinem Buch *How Fascism Works*. Die Strategie des Kreml besteht darin, nicht nur diese Umgangsregeln zu untergraben, sondern die Wahrnehmung der Menschen selbst. Sie werden mit absurden Theorien, Weltanschauungen und Verschwörungserzählungen überschüttet. Das lähmt. Es erschafft eine gespaltene Gesellschaft, die sich über nichts mehr verständigen kann. Auch nicht über Maßnahmen gegen Putins Krieg.

Ohnmacht ist also das Ziel, Spalten und Verwirren die Methode. Der Zustand, von dem die Autokrat:innen des 21. Jahrhunderts träumen ist das, was die Philosophin Carolin Emcke als die Pro- und Kontraisierung der Realität bezeichnet: Alles soll debattierbar sein. Selbst grundlegende Fakten. Oder, in den Worten des Schriftstellers Peter Pomerantsev: „Nichts ist wahr und alles ist möglich". Inspiriert von Putin wollen Rechtspopulist:innen die Realität abschaffen und eine Gegenrealität kreieren. Und eine Gegenöffentlichkeit. Durch den Aufbau „Alternativer Medien" wollen sie kritische Berichterstattung ersetzen und erreichen, dass Menschen sich grundsätzlich anders informieren.

Steve Bannon, der Ex-Stratege von Donald Trump, hatte schon 2018 in einer berühmten Aussage seine Propaganda-Strategie zusammengefasst: „Die echte Opposition sind die Medien, und der Weg, mit ihnen umzugehen, besteht darin, die Presse mit Scheiße zu überschwemmen (*to flood the zone with shit*)." So viel, dass niemand mehr weiß, was wirklich passiert. „Bullshit (ist) ein größerer Feind der Wahrheit als die Lüge", schrieb der Philosoph Harry G. Frankfurt schon 1986. Er wusste: Mit einem Lügner kann man sich immerhin noch darauf einigen, dasselbe Spiel zu spielen. Mit „Bullshit" sei das unmöglich; einem Bullshitter gehe darum, das Spiel zu zerstören. Masha Gessen bezeichnet die absurden Lügen und Falschinformationen von Donald Trump deshalb als *power lies*, als „Macht-Lügen": Es gehe Autokrat:innen nicht darum, die Wahrheit zu verschleiern, sondern darum, die eigene Macht zu demonstrieren und die eigene Anhängerschaft hinter ihrer Version einer „Gegenrealität" zu versammeln. Die Wahl einer

„Wahrheit" wird so zum Loyalitätstest eines Autokraten: Wer seine Version der Fakten nicht anerkennt, wird ausgeschlossen und diffamiert.

Mit moderner Propaganda wollen radikale Rechtspopulistinnen und Autokraten also keine Debatten gewinnen. Es geht nicht um die Wirklichkeit, sondern darum, sie abzuschaffen. Deshalb ist es so wichtig, Fake News, Desinformation und Lügen nicht als Einzelaussagen zu analysieren, sondern immer als Teil einer größeren Propaganda-Strategie. „Propaganda ist hermetisch", schreibt der Journalist Jonas Schaible im *Spiegel*. „Man erkennt sie, und das ist entscheidend, daher nicht in einer einzelnen kommunikativen Handlung, sondern nur im Zusammenhang. So, wie man eine Wagenburg nicht an einem Wagen erkennt, sondern nur im Ganzen".

Der Weg zur Macht
und der Tag danach

„Die Revolution ist eine Epoche, nicht ein Tag."
(Claudio Treves)

„Man sollte nicht dem Missverständnis erliegen, dass irgendwann in der Zukunft die Demokratie durch einen Gewaltakt in Gefahr gerät. Was wir erleben, ist eine täglich langsam fortschreitende Erosion der liberalen Demokratie. Die Gefahr liegt nicht im Untergang der Demokratie, sondern in ihrer qualitativen Verschlechterung."
(Antonio Scurati)

Strubbeliges Haar, Dreitagebart und Sakko: Viktor Orbán war 26 Jahre alt, als er am 16. Juni 1989 auf eine Bühne in Budapest kletterte, zu reden begann und auf einen Schlag im ganzen Land berühmt wurde: Hunderttausende hörten ihm am Heldenplatz zu, als er freie Wahlen und den Abzug der sowjetischen Truppen forderte. 25 Jahre später steht Orbán erneut auf einer Bühne und hält eine Rede, die es in die politischen Lehrbücher schaffen wird. Dieses Mal spricht er vor einem kleinen Publikum aus Studierenden in der rumänischen Stadt Baile Tusnad.

„Die liberale Demokratie ist am Ende. Sie garantiert den ungarischen Familien keinen Wohlstand und keinen Schutz der nationalen Interessen mehr. Der ungarische Staat wird sich nicht weiter an liberale Werte halten", verkündet Orbán. Er werde sich stattdessen an China, Singapur, der Türkei und Russland orientieren. Kurz zuvor hatte Orbán die Parlamentswahlen in Ungarn gewonnen und verfügte nun über eine Zweidrittelmehrheit im Parlament, die ihm unter anderem auch Verfassungsänderungen ermöglichte. Das heißt: Orbán kommt mit Selbstbewusstsein.

Jetzt führt er erstmals seine Vision einer „illiberalen" Zukunft Ungarns aus: Orbán träumt von einem Land ohne Ausländer:innen und Nichtregierungsorganisationen, die für ihn „vom Ausland bezahlte politische Aktivisten" sind. Zur Ukraine sagte er schon damals: „Ich habe nicht vor, ungarische Interessen nur wegen der Ukraine aufs Spiel zu setzen". Diese Position vertritt er bis heute. In den zehn Jahren nach der Rede hat Orbán die Pressefreiheit eingeschränkt, die Verfassung ändern lassen, Nichtregierungsorganisationen und die Zivilgesellschaft eingeschränkt und jede Menge rassistische und antisemitische Verschwörungserzählungen verbreitet. In anderen Worten: Er hat Ungarn zum weltweiten Vorbild all jener autoritären Rechtspopulist:innen gemacht, die von einer „illiberalen Demokratie" träumen.

Illiberale Demokratie

Egal, ob Israel, Ungarn oder Italien: Das Modell der illiberalen Demokratie ist weltweit auf dem Vormarsch. Der Begriff bezeichnet einen autoritären Staat, in dem zwar freie, aber keine fairen Wahlen stattfinden. Es gibt keine großflächige Wahlfälschung. Aber eine eingeschränkte Pressefreiheit, ein hartes Vorgehen gegen Opposition und Zivilgesellschaft sowie zugeschnittene Wahlsysteme sorgen dafür, dass sich die Machthaber ihres Erfolges sicher sein können.

Eine liberale Demokratie schützt die Rechte von Individuen und Minderheiten, genau wie Presse-, Meinungs-, Religions-, Versammlungsfreiheit. Die Grundrechte jedes Einzelnen setzen dem Staat Grenzen, und Parlament und Gerichte kontrollieren die Regierung. In einer illiberalen Demokratie ist das anders: Dort übt die Regierung quasi uneingeschränkte Macht aus. Sie nutzt ihre Mehrheit, um die Demokratie von innen auszuhöhlen und rücksichtslos die eigenen Interessen durchzusetzen. Die Demokratie ist bloß noch ein Verfahren der Stimmabgabe.

Der Begriff „illiberale Demokratie" geht auf einen Essay des Journalisten Fareed Zakaria aus dem Jahre 1997 in der Zeitschrift *Foreign Policy* zurück: Von einer illiberalen Demokratie könne man sprechen, wenn demokratisch gewählte Regierungen „die verfassungsmäßigen Grenzen ihrer Macht systematisch ignorieren und ihren Bürgern grundlegende Rechte und Freiheiten verwehren". Eine solche Regierung werde zwar durch eine demokratische Abstimmung gewählt, mache anschließend aber, was sie will: politische Gegner:innen einschüchtern, die eigenen Verbündeten bevorteilen, die Medien kontrollieren. Sie verletzt die Grundrechte von Einzelpersonen und Minderheiten – und schränkt die Gewaltenteilung ein.

In Ungarn sah das so aus: Nachdem Orbáns Partei Fidesz die absolute Mehrheit im Parlament gewonnen hatte, änderte er die Verfassung, besetzte Gerichte und Kulturinstitutionen mit Gefolgsleuten, schränkte die Versammlungs- und Pressefreiheit ein, brachte Medien unter seine Kontrolle, schnitt die Wahlkreise nach seinem Geschmack zu, riegelte die Grenzen ab, verbot Gender-Studies, verbannte eine unabhängige Universität aus dem Land, änderte Lehrpläne und stellte die Aufklärung über Homo- und Transsexualität unter Strafe. Orbán war mit seinem Feldzug extrem erfolgreich. Er hat ein Modell geschaffen, an dem sich heute radikale Rechtspopulist:innen weltweit orientieren. Regierungen in Polen oder Israel haben seinem Modell schnell nachgeeifert. Deshalb lässt sich aus ihren Beispielen lernen, wie Rechtspopulist:innen normalerweise vorgehen, um sich langfristig die uneingeschränkte Macht in ihrem Land zu sichern.

In drei Schritten zur ausgehöhlten Demokratie

Der Politikwissenschaftler Bálint Magyar hat das System Orbán von Anfang an beobachtet. In seinem Buch *The Anatomy of Post-Communist Regimes* beschreibt er die Phasen, in denen

Rechtspopulist:innen nach einem Wahlsieg normalerweise versuchen, die eigene Abwahl unmöglich zu machen. Oder zumindest alle Institutionen im Land so zu verändern, dass selbst eine Wahlniederlage die eigene Macht kaum noch einschränkt. Obwohl er sich auf postkommunistische Regime spezialisiert hat, hilft seine Analyse auch bei der Einordnung rechtspopulistischer Bewegungen in anderen Staaten.

Den ersten Schritt hin zum Autoritarismus nennt Bálint Magyar den „autokratischen Versuch". Rechtspopulist:innen beginnen nach einem Wahlsieg damit, die Demokratie mit kleinen institutionellen Veränderungen auszuhöhlen, die auf die große Veränderung des Systems abzielen. Einzeln betrachtet wirken diese Maßnahmen belanglos. Doch zusammen ergeben sie das Bild einer autokratischen Machtübernahme. Sie nutzen ihr demokratisches Mandat etwa, um die Exekutive zu stärken und ihre Macht zu bündeln. Oder sie beschneiden die Aufgaben und Befugnisse von Kommunal- und Landespolitik, dem Parlament, Gerichten und der Staatsanwaltschaft. In der gesamten Verwaltung und in der Justiz besetzen sie so viele Positionen wie möglich mit freundschaftlich verbundenen oder ideologisch loyalen Helfer:innen. Oftmals sind das Menschen, die für ihre Posten eigentlich völlig unqualifiziert sind und deshalb umso gehorsamer den Herrschenden folgen. Wenn möglich, ändern die Rechtspopulist:innen die Verfassung und das Wahlsystem im Land, um ihre Macht langfristig immer weiter auszubauen. Manchmal lassen sie Wahlkreise neu zuschneiden oder Verfahren der Sitzvergabe so ändern, dass die Regierungspartei nach einem erneuten Wahlsieg mit noch mehr Sitzen belohnt wird.

Die zweite Phase bezeichnet Magyar als „autokratischen Durchbruch". Dabei handelt es sich um Schlüsselmomente. Gelingt der Durchbruch, haben Rechtspopulist:innen freien Weg. Ob das klappt, hängt vor allem von einer Frage ab: Können die illiberale Partei oder die entsprechenden Politiker:innen sich ein Monopol auf die politische Macht im Land verschaffen, zum Beispiel durch einen Wahlsieg mit absoluter Mehrheit? Wenn ja, können sie in aller Ruhe mit dem „Verfassungsputsch" beginnen. Dann tun sie alles dafür, dass die Demokratie bloß noch auf dem Papier weiterlebt. Sie hebeln die Gewaltenteilung aus, aber lassen die entsprechenden Institutionen zum Schein weiterleben. Momente des autokratischen Durchbruchs können aber auch chaotischer ablaufen. Der Sturm auf das Kapitol wurde von US-Publizist:in Masha Gessen als autokratischer Versuch gewertet, der zunächst scheiterte – seine Wirkung aber in den Folgejahren und dann mit der erneuten Wahl Donald Trumps entfaltete.

Die dritte Phase der Autokratisierung nennt Magyar die „autokratische Konsolidierung". Sobald der Durchbruch gelungen ist, sichern die Herrschenden ihre Macht und bauen sie weiter aus. Dafür müssen sie langfristig neben der Gewaltenteilung den zweiten Verteidigungsmechanismus einer liberalen Demokratie ausschalten: die Zivilgesellschaft. Diese hat Magyar zufolge vier Säulen:

1. Unabhängige Medien, die kritisch über Regierungsarbeit und -politiker:innen berichten können.
2. Bürger:innen, die ihre Meinung frei bilden und ausdrücken können – auf der Straße oder an der Wahlurne.

3. Nichtregierungsorganisationen (NGOs), die die Arbeit des Staates überwachen und kritisch beurteilen.
4. Eine unabhängige Wirtschaft, die sich für ihre Interessen einsetzen und Oppositionsparteien unterstützen kann, wenn sie deren Programm überzeugender findet.

Gelingt es, diese vier Säulen nach und nach faktisch zu Fall zu bringen, haben die illiberalen Kräfte gewonnen. Um diese Entwicklung genauer zu verstehen, lohnt es sich, einen Blick auf drei Bereiche zu werfen, die radikale Rechtspopulist:innen nach der eigenen Machtübernahme zu übernehmen versuchen: das Justizsystem, die Medien und die Zivilgesellschaft.

Die Justiz umbauen und die Verfassung missbrauchen

Im Juli 2023 trifft sich eine Gruppe Verfassungsrechtler:innen in Berlin, um das Ende der Demokratie in Deutschland zu planen – nicht mit einem gewalttätigen Umsturz, sondern mit den Mitteln der Justiz. Der demokratische Staatsstreich ist in diesem Fall nur eine Simulation: Das sogenannte „Thüringen-Projekt" will sich auf den Ernstfall einer Machtübernahme der AfD in Thüringen vorbereiten und herausfinden, welche legalen Wege es in Deutschland gibt, um die Demokratie auszuhöhlen. Das Ziel: Die Köpfe hinter dem Forschungsprojekt wollen die liberale Demokratie in Deutschland für eine harte Auseinandersetzung wappnen. „Resilienz durch Antizipation", nennt der Verfassungsrechtler Maximilian Steinbeis die Idee hinter dem Projekt. Nur wer die Schwachstellen der Demokratie kennt, kann sie schützen.

Denn inzwischen ist bekannt: Einmal an der Macht, beginnen radikale Rechtspopulist:innen sofort mit dem langsamen Umbau der Justiz. Besonders dann, wenn sie keine ausreichende Mehrheit haben, um die Verfassung selbst umzuschreiben. Dann versuchen sie mit aller Härte, jene Institutionen zu unterwerfen, die für die Auslegung der Verfassung zuständig sind. Steinbeis spricht von „Verfassungsmissbrauch": Es gehe „nicht darum, dass jemand etwas tut, wozu er kein Recht hat", schreibt er. Sondern „darum, dass jemand Rechte, die er hat, missbraucht".

Für die Rechtspopulisten ist das strategisch sinnvoll. Denn auch wenn die Zusammensetzung und Bedeutung von Verfassungsgerichten vom Kontext abhängt und Justizsysteme sich unterscheiden, ist eine unabhängige Judikative doch immer ein „Stachel im Fleisch der Machthaber", eine Art „strukturelle Opposition". Sie ist ein Korrektiv zu Exekutive und Legislative und kann in vielen westlichen Demokratien Gesetzesvorhaben kassieren und die Machtbefugnisse der Exekutive begrenzen. In manchen Ländern, besonders in alten Demokratien, sorgt das bis heute für Befremden. Doch im 20. Jahrhundert hat sich gezeigt, dass auch demokratisch gewählte Gesetzgeber:innen ein Land in den Autoritarismus führen, Menschen ermorden und die Demokratie im Land abschaffen können. Deshalb haben Verfassungsgerichte besonders in jüngeren Demokratien sehr viel Macht. Wer dort eine identitäre, beziehungsweise illiberale Demokratie schaffen will, muss deshalb die unabhängige Justiz und Verfassungsgerichtsbarkeit bekämpfen. In Polen hat sich gezeigt, wie weit Rechtspopulist:innen dafür gehen, auch wenn sie keine verfassungsändernde Mehrheit im Parlament haben.

Darauf war die polnische Justiz nicht vorbereitet, als die PiS-Partei („Recht und Gerechtigkeit") bei der Parlamentswahl im Oktober 2015 mit 37 Prozent der Stimmen eine absolute Mehrheit im polnischen Parlament, dem Sejm, errang. Sofort begann die PiS, die unabhängige Justiz zu bekämpfen. Ihr Ziel: Jene vermeintlich kommunistischen Richter:innen aus den Gerichten zu entfernen, die dort nach 1989 im Amt geblieben seien. So zumindest erklärte die PiS-Partei ihr Vorhaben. Tatsächlich aber zielten die Reformen darauf, Gerichte im Land mit parteitreuen Leuten zu besetzen und letztlich die Gewaltenteilung auszuhebeln. Kurz nach der Machtübernahme vereidigte Präsident Andrzej Duda fünf PiS-Kandiaten für Richterposten, die das Parlament zuvor eigentlich schon mit anderen Leuten besetzt hatte. Doch die Vereidigung der vorher gewählten Richter:innen hatte er abgelehnt.

Wenig später, am 22. Dezember 2015 beschloss das Parlament, dass Entscheidungen des Verfassungsgerichts nicht mehr mit einfacher, sondern mit Zweidrittelmehrheit zu treffen sind und dass 13 der 15 Richter anwesend sein müssen. Außerdem beschloss es, dass Verfahren chronologisch nach Eingang und nicht nach Wichtigkeit zu bearbeiten sind und dass der polnische Präsident und der Justizminister Disziplinarverfahren gegen einzelne Richter:innen durchführen können. 2021 urteilte der Europäische Gerichtshof für Menschenrechte, dass es sich bei dem polnischen Verfassungsgericht, wenn es mit den unrechtmäßigen Richter:innen urteilte, nicht um ein „auf Gesetz beruhendes Gericht" handelt. Doch in Polen war das bloß der Anfang umfangreicher weiterer Justizreformen.

Erst platzierte die Regierung die eigenen Leute am Verfassungsgericht. Dann ging sie noch weiter. 2018 hatte die PiS die Zusammensetzung des Landesjustizrats, der Richter:innen im Land ernennt, so geändert, dass die Mehrheit der Mitglieder nicht mehr von anderen Richter:innen, sondern vom Parlament ernannt wurde. Der EuGH kritisierte, dadurch gebe es berechtigte Zweifel an der Unabhängigkeit des Landesjustizrats. Später wurde auch der oberste Gerichtshof immer weiter drangsaliert, die Staatsanwaltschaften im Land wurden dem Justizministerium in Warschau unterstellt und im Jahr 2018 wurde am Obersten Gerichtshof eine neue Disziplinarkammer eingerichtet, die tut, was ihr Name verspricht: Sie sollte Jurist:innen disziplinieren, die noch nicht auf Regimelinie waren und auf ihre verfassungsmäßige Unabhängigkeit pochten. Diese Kammer, die die Aufsicht über alle Richter:innen hat, kann zum Beispiel deren Immunität aufheben, um sie strafrechtlich zu verfolgen, und ihre Gehälter kürzen. Das alles ist deshalb so problematisch, weil auch die Berufung der Richter:innen, die in dieser Disziplinarkammer sitzen, von der PiS politisch gesteuert wird.

Nach dem Regierungswechsel in Polen 2023 hat das Parlament den Umbau des Landesjustizrats durch die vorherige Regierung als verfassungswidrig eingestuft. Drei Beschlüsse des Parlaments aus den Jahren 2018, 2021 und 2022 über die Wahl von Richter:innen zu Mitgliedern des Landesjustizrats seien „unter grobem Verstoß gegen die Verfassung der Republik Polen" verabschiedet worden, hieß in einer Resolution. Doch der Rückbau der Reformen ist ein Mammutsjob. Die PiS-Regierung hat über 2.000 Richterposten im Land neu besetzt. Sie machen jeden Tag ihre Arbeit. Und der Staatspräsident ist mit Andrzej Duda immer noch ein PiS-Mann. Er hat bereits zahlreiche Reformvorhaben der neuen Regierung kassiert. Der Fall macht deutlich, was das Ziel der Übernahme der Justiz ist: die langfristige Machtsicherung – auch im Falle einer Abwahl.

Das Vorgehen der PiS-Regierung nennt der Rechtswissenschaftler Michał Stambulski „Verfassungs-Populismus": Rechtspopulist:innen instrumentalisieren die Verfassung, sagt er. Anstatt sie zu brechen, dehnen sie ihre Auslegungsmöglichkeiten aus und nutzen sie für sich. Aus dieser Perspektive ist nicht so wichtig, was eine Verfassung verbietet. Wichtig ist, was sie den Regierenden erlaubt. Die Taktik der PiS vergleicht Stambulski mit einem Schachspiel: Die Rechtspopulist:innen beginnen das Spiel, indem sie mit einer gezielten Provokation eine Gegenreaktion hervorrufen. Anschließend bestreiten sie die Legalität und Rechtmäßigkeit der Gegenreaktion. Das nutzen sie als Vorwand, um gegen die Institution vorzugehen, zum Beispiel durch Gesetzesänderungen, die die Aufgabenbereiche des Verfassungsgerichts einschränken. So geht es dann immer weiter, bis die Kontrolle über die Justiz erlangt ist. Die regierenden Rechtspopulist:innen sind dabei immer im Vorteil, weil sie schneller agieren können als ein Gericht. Das muss Stellungnahmen einholen, Beweise sammeln und auf die Einhaltung von Verfahrensregeln achten. Die Rechtspopulist:innen wiederum können relativ zügig die Gesetze ändern, an die das Gericht sich halten muss.

Eine weitere Taktik der Rechtspopulist:innen bezeichnet Stambulski als „Kochender-Frosch-Syndrom": Wirft man einen Frosch in kochendes Wasser, springt er sofort wieder hinaus. Setzt man ihn aber in kaltes Wasser und erhitzt es langsam, bleibt er sitzen. Bis er stirbt. Nach diesem Prinzip verändern Rechtspopulist:innen die Rechtsordnung. Sie gehen in kleinen Schritten vor, die wenig Aufmerksamkeit erregen und einzeln betrachtet nicht so wirken, als würden sie die Demokratie abschaffen. Stoßen sie auf Widerstand, machen sie einen Schritt zurück und signalisieren Kompromissbereitschaft. Der ungarische Präsident Viktor Orbán hat dieses Vor-und-Zurück 2012 einmal als „Pfauentanz" bezeichnet. „Wir sollten etwas ablehnen, während wir so tun, als ob wir uns mit ihnen anfreunden wollten", sagte er. „Das sind die Bewegungen der politischen Kunst". Egal, ob kochende Frösche oder tanzende Pfauen, das Ziel ist dasselbe: eine Simulation von Kompromissbereitschaft, während man Schritt für Schritt eine neue legale Ordnung schafft.

Diese Strategie ist auch in Italien zu beobachten, wo Giorgia Meloni im November 2023 eine Verfassungsänderung ankündigte. Künftig soll die Bevölkerung nach Melonis Willen den:die Regierungschef:in per Direktwahl bestimmen, parallel zu den Parlamentswahlen. Außerdem soll die Partei oder die Koalition, die bei den Parlamentswahlen die meisten Stimmen erlangt, automatisch 55 Prozent der Parlamentssitze bekommen. Offiziell soll die Maßnahme dazu dienen, im politisch instabilen Italien Stabilität herzustellen. In der Praxis würde das aber bedeuten, dass in Italien künftig keine Parteien, sondern charismatische Führerpersönlichkeiten gewählt werden, deren Macht auch dann enorm wäre, wenn sie im Parlament keine Mehrheiten finden. Noch ist die Verfassungsänderung nicht beschlossen. Aber das Wasser wird bereits wärmer, während der Frosch noch ruhig dasitzt.

Wer das TV-Programm bestimmt, bestimmt das Denken

Wenn ein Regime weitestgehend ungestört regieren will, muss es nicht nur die Gewaltenteilung aushebeln, sondern auch die Hoheit über die öffentliche Meinung gewinnen. Das dient nicht nur dem Ausschalten kritischer Stimmen, sondern vor allem der langfristigen Machtsicherung. Man könnte auch sagen: Wer das TV-Programm bestimmt, bestimmt das Denken der Menschen.

In Polen war der öffentlich-rechtliche Rundfunk seit dem Ende der Sowjetunion permanent politisch umkämpft. Alle Regierungsparteien versuchten, Einfluss auf die Fernsehsender von *TVP* (*Telewizja Polska*) und die Radiosender des *PR* (*Polskie Radio*) zu nehmen. Dann kam die PiS an die Macht. Nachdem sie erst das Verfassungsgericht angriff, kümmerte sie sich anschließend um die Medienfreiheit. Noch im Winter 2015 beschloss die Regierung sogenannte Mediengesetze. Die besagten, dass die Sender-Chef:innen von Radio und Fernsehen künftig direkt durch das Kultusministerium ernannt werden dürfen. Die Regierung hat also direkten Zugriff auf das Programm.

Das hat Folgen: Laut einer Untersuchung füllte der öffentliche Fernsehsender *TVP* vor den Parlamentswahlen 2023 etwa 80 Prozent der Sendezeit für Politikberichterstattung mit Standpunkten der Regierungsparteien und nur rund 20 Prozent mit denen der Opposition. PiS-Politiker:innen waren während des Untersuchungszeitraums rund 252 Stunden lang im Fernsehen zu sehen. Vertreter der Oppositionspartei PO gerade einmal 25 Stunden. Doch auch jenseits des öffentlich-rechtlichen Rundfunks ging die PiS gegen freie Berichterstattung vor.

2021 kaufte das vom polnischen Staat dominierte Unternehmen PKN Orlen die Medienholding *Polska Press* vom Medienkonzern der *Passauer Neuen Presse*. Zur *Polska Press* gehören 20 der 24 polnischen Regionalzeitungen inklusive Internetportalen und 120 Zeitschriften. PiS-Parteichef Jarosław Kaczyński sagte, die Medien hätten eine „große Rolle in der Demoralisierung" der polnischen Jugend gespielt. Nur wenn das ausländische Kapital aus der Medienbranche weitgehend verdrängt werde, könne die polnische „Freiheit und Souveränität" verteidigt werden. Im Anschluss an die Übernahme wurden in allen Medienhäusern zahlreiche Stellen neu besetzt. Besonders der PiS nahestehende Journalist:innen erhielten Leitungspositionen.

Auch der juristische Druck auf regierungskritische Journalist:innen und Medien hat stark zugenommen. Besonders häufig kam hierbei der Paragraf 212 des Strafgesetzbuches zum Einsatz, demzufolge „üble Nachrede" mit hohen Geldstrafen und bis zu einem Jahr Gefängnis belegt werden kann. Der Paragraf stammt aus dem Jahr 1997, wurde aber 2019 noch einmal verschärft. In der internationalen Rangliste der Pressefreiheit von „Reporter ohne Grenzen" liegt Polen inzwischen auf Platz 57. Damit ist das Land noch kein Extremfall. In Ungarn dagegen hat die Fidesz-Partei kritische Berichterstattung fast vollständig ausgehebelt – und Journalist:innen sogar mit der Spy-Software „Pegasus" überwachen lassen. In der Türkei, die in Sachen Pressefreiheit sogar noch schlechter dasteht als Russland, kann seit dem 2022 beschlossenen „Desinformationsgesetz" jede kritische Berichterstattung mit Haftstrafen belangt werden.

Der Preis der eingeschränkten Pressefreiheit ist hoch: Bürger:innen werden nicht mehr informiert, sondern mit Propaganda versorgt. Sachverhalte werden so verzerrt, dass die Regierung besonders gut dasteht. Politische Alternativen werden eingeschränkt und kleingeredet. Regierungskritiker:innen werden eingeschüchtert. Ohne freie Berichterstattung kann sich eine Opposition kaum etablieren. Regierende können nicht zur Rechenschaft gezogen werden. Die Publizistin Carolin Emcke spricht deshalb zu Recht von der „kritischen Infrastruktur der Demokratie", die es zu verteidigen gelte.

Mit aller Macht gegen die Zivilgesellschaft

Zurück zu Ungarn. – Endlich! Das dürfte sich Ungarns Premierminister Viktor Orbán im August 2023 gedacht haben. *Radio Free Europe/Radio Liberty (RFE/RL)* vermeldete, dass das Stiftungsnetzwerk Open Society Foundations (OSF) seine Mittel aus EU-Staaten weitgehend abziehen will. Der Sender berief sich dabei auf ein internes Schreiben, das diesen Schritt ankündigte. Für Orbán ein enormer Sieg, der Teil einer größeren Strategie ist: Um ihre Macht zu sichern, müssen Rechtspopulist:innen die Zivilgesellschaft so weit einschränken, dass sie zwar für die Fassade einer liberalen Demokratie noch existiert – aber faktisch außer Kraft gesetzt ist. Denn diese Zivilgesellschaft ist der gefährlichste Gegner der Rechtspopulist:innen.

Die Open Society Foundation des Finanzinvestors George Soros fördert seit 1979 Demokratie und Zivilgesellschaft weltweit mit Milliardensummen – sei es durch die Förderung von Nichtregierungsorganisationen (NGOs) und Bildungseinrichtungen, durch Projektmittel, Gelder für Medien oder durch Stipendien für Studierende. Auch in Ungarn, wo Soros geboren wurde, engagiert sich die Stiftung bereits seit Jahrzehnten. Sie fördert vor allem NGOs, die sich für Menschenrechte, Geflüchtete, Frauen oder queeren Menschen, für Umweltschutz und gegen Korruption stark machen. Zahlreiche dieser Organisationen kritisieren den seit 2010 fortschreitenden Abbau von Demokratie, Rechtsstaatlichkeit und Pressefreiheit in Ungarn lautstark. Dementsprechend waren sie Orbán von Anfang an ein Dorn im Auge. Bereits in seiner Rede von 2014, in der er seine Idee einer „illiberalen Demokratie" skizzierte, wetterte der ungarische Präsident gegen die NGOs: „Wir haben es also nicht mit zivilen Akteuren zu tun, ... sondern mit bezahlten politischen Aktivisten, die in Ungarn ausländische Interessen durchzusetzen trachten".

Im Jahr 2017 verabschiedete das von Fidesz dominierte Parlament dann das sogenannte „Transparenzgesetz". Es verpflichtete NGOs, die mehr als 7,2 Millionen Forint (ca. 21.000 Euro) an Spenden aus dem Ausland bekommen, dies den Behörden zu melden und ihre Finanzierung offenzulegen. Außerdem mussten sie fortan auf all ihren Publikationen den Hinweis „aus dem Ausland finanzierte Organisation" anbringen. Das Gesetz wurde inzwischen vom Europäischen Gerichtshof (EuGH) gekippt und später in anderer Form neu beschlossen.

Im selben Jahr verabschiedete die Regierung ein Hochschulgesetz, das sich laut Kritiker:innen besonders gegen die von Orbán verhasste und von Soros begründete Central European University (CEU) in Budapest richtete. Das Gesetz schränkte die Befugnis von Universitäten mit Hauptsitz außerhalb der EU ein, ungarische Abschlüsse zu verleihen. Entsprechende Universitäten müssen laut dem Gesetz außerdem in ihrem Heimatland ebenfalls eine Lehrtätigkeit ausüben und es muss für den Betrieb in Ungarn ein bilaterales Abkommen auf Regierungsebene geben. All diese Punkte waren maßgeschneiderte Angriffe auf die Arbeit der CEU. Nachdem die Universität dem Druck zunächst standhielt, verließ sie 2018 das Land.

Im selben Jahr folgte das „Stop-Soros-Gesetz", das vor allem die Organisationen ins Visier nahm, die Flüchtlinge unterstützen und ihnen – oft mit Erfolg – halfen, Asylanträge zu stellen und ihre Rechte wahrzunehmen. Sie durften jetzt nur noch mit Genehmigung des Innenministeriums arbeiten und ungarischen Helfer:innen wurde der Zugang zum Grenzgebiet untersagt. Auch dieses Gesetz verstieß laut EuGH gegen europäisches Recht. Im Dezember 2023 beschloss Orbáns Regierung dann das „Souveränitätsgesetz gegen ausländische Einmischung", das die Finanzierung von Wahlkämpfen in Ungarn mit Mitteln aus dem Ausland unter Strafe stellt. In der Gesetzesvorlage heißt es:

> „Die Souveränität Ungarns wird beeinträchtigt. Das birgt auch ein erhöhtes Risiko für die nationale Sicherheit – wenn die politische Macht in die Hände von Personen oder Organisationen gerät, die von einer ausländischen Macht, Organisation oder Person abhängig sind".

Sie sieht unter anderem vor, dass die Annahme ausländischer Gelder während einer laufenden Kandidatur für politische Ämter mit bis zu drei Jahren Haft bestraft werden kann. Zudem soll künftig eine neue Behörde die „ausländische Einmischung" in die Politik überwachen und untersuchen. Das schließt auch Nichtregierungsorganisationen oder andere Organisationen ein, deren „Aktivitäten mit ausländischer Finanzierung das Ergebnis von Wahlen beeinflussen können" oder die „Aktivitäten durchführen oder unterstützen, um den Willen von Wählern mit ausländischen Mitteln zu beeinflussen".

Ungarische Journalisten und Expertinnen verglichen das neue Gesetz mit dem russischen Gesetz über „ausländische Agenten" von 2012. Ursprünglich vor allem gegen NGOs eingesetzt, wurden damit ab 2017 vermehrt auch russische Medienhäuser und Journalist:innen ins Visier genommen.

Und auch in Ungarn ist klar: Das Gesetz ist bloß ein weiterer Schritt Viktor Orbáns, sämtliche Bereiche der Zivilgesellschaft unter Kontrolle zu halten – immer aber im Namen des ungarischen Volkes gegen eine angeblich übermächtige Bedrohung von Migrant:innen, EU-Globalist:innen und jüdischen Philanthrop:innen wie Soros.

Das Ende des Rechtspopulismus

> „So hat es damals auch angefangen."
> (Margot Friedländer)

Niederlagen sind fast immer tragisch. Siege zuweilen aber auch. Das kann auch für Wahlsiege über radikale Rechtspopulist:innen gelten. Wenn der Preis eines Sieges letztlich darin besteht, dass sich politisch völlig konträr gegenüberstehende Parteien zusammenraufen, um eine Minderheitsregierung oder eine Not-Koalition zu formen, die in der Realität mehr schlecht als recht regiert und sich kaum auf ein gemeinsames Programm einigen kann, dann verwandelt sich der Sieg schnell in eine Niederlage. Denn die Rechtspopulist:innen haben einen Vorteil in ihrem Kampf für Gott, Vaterland und Familie: Sie haben Zeit.

Sie haben keine Eile, sondern können über Jahrzehnte hinweg daran arbeiten, die Demokratie nach und nach auszuhöhlen. Der von ihnen so oft herbeigesehnte Tag X ist eigentlich kein Tag, an dem alles umstürzt: In Ländern wie Polen, Ungarn oder Israel ist zu sehen, wie langsam und legalistisch der Umbau einer Demokratie abgewickelt werden kann. Er gleicht einem Tanz: Die Anti-Demokraten machen zwei Schritte vor und – wenn der Gegenwind zu stark ist – einen zurück. Aber sie bewegen sich konzentriert fort. Mit jedem Zugewinn schielen sie bloß belustigt darauf, wie ihre Gegner:innen sich in einer Koalition aneinander reiben und die liberale Demokratie als funktionsuntüchtig darstellen. Bislang hatten sie einen riesigen Erfolg damit – und nichts weist daraufhin, dass sich das in den kommenden Jahren ändern wird.

In den USA läutet der erneute Wahlsieg Donald Trumps eine neue Zeit ein: Der Schaden für die US-Demokratie wird enorm sein. Aber auch in Deutschland sollten wir uns nichts vormachen: Die AfD wird früher oder später an einer Regierung beteiligt sein. Zumindest auf Landesebene. Darauf bereiten sich die Ideolog:innen in ihren Reihen auch schon vor: Benedikt Kaiser, ein Stratege der Neuen Rechten in Deutschland, rief in einem Essay und Vortrag im Juli 2024 das „Ende des Rechtspopulismus" aus. Sinngemäß fordert er darin: Schluss mit jeglicher Verschleierung der eigenen Weltsicht. Die AfD solle aufhören, bloß emotionsgeladene Schreihals-Politik gegen „die da oben" zu machen, und den Deutschen endlich ein echtes Identitätsangebot schaffen. Ansonsten werde die AfD, einmal an der Macht, dasselbe Schicksal ereilen wie die etablierten Parteien. Kaiser macht klar: Die AfD solle nicht für einen Liberalismus mit weniger Ausländer:innen kämpfen, sondern für einen grundlegenden Kulturwandel, der die völkische Identität fördert und kultiviert. In anderen Worten: Die AfD ist der Macht so nah, man muss das eigene rechtsextreme Weltbild nicht einmal mehr in beschwichtigende Worte kleiden.

Vielleicht hat der Journalist Hanno Hauenstein also recht, wenn er nach den Landtagswahlen in Thüringen und Sachsen im Herbst 2024 konstatiert: „Wer sich etwas länger mit der Verwendung des Wortes Populismus beschäftigt, dem drängt sich der Eindruck auf, dass man Rechtsextremen mit dieser verharmlosenden Etikette keinen größeren Gefallen hätte tun können." Denn „von Populisten zu sprechen, wenn Rechtsextreme gemeint sind", impliziere, „dass Letztere tun, was anderen misslingt: die Wünsche des Volkes ernst zu nehmen, für die ‚schweigende Mehrheit' zu sprechen." Und mit diesem vermeintlichen Volkswillen treiben sie die anderen politischen Parteien vor sich her. In Deutschland ist das seit Jahren zu beobachten. Deshalb, so Hauenstein, gelte: „Wer ‚Populismus' sagt, weil er ‚Rechtsextremismus' meint, verniedlicht völkische Ideen".

Nun kann man sich über Begriffe hervorragend streiten. Doch inhaltlich hat er recht: Die Zeit der Verharmlosung und des Nacheiferns der AfD muss vorbei sein. Nichts spricht dafür, dass man sich hierzulande allzu sicher fühlen sollte vor der Bedrohung von rechts. Es reicht nicht, die AfD von Wahl zu Wahl mit Mühe und einer von Konflikten überfrachteten Koalitionslogik zu besiegen, bloß um die nächste Abstimmung abzuwarten und erneut den Endkampf zwischen Demokratie und Autokratie heraufzubeschwören. Den Kampf gegen die Rechtspopulist:innen gewinnt man nicht im Kampf gegen die Rechtspopulist:innen – sondern nur, indem man eigene Politik-Konzepte prägt. Anstatt sich von ihrem vermeintlichen Volkswillen treiben zu lassen, sollten die demokratischen Parteien endlich wieder an eigenen Zukunftsangeboten arbeiten, die der Wählerschaft einen Ausweg aus der Gegenwart anbieten, und nicht nur deren Verwaltung. Man muss die AfD übertrumpfen – und nicht versuchen, ihre Wähler:innen durch die Übernahme ihrer Positionen und Rhetorik zurückzugewinnen. Das heißt: Wir brauchen nichts weniger als eine Neuerfindung der Demokratie.

Einerseits bedeutet das: Wir brauchen eine Wirtschaftspolitik, die allen Menschen ein würdiges Leben ermöglicht und die Prekarisierung breiter Gesellschaftsschichten beendet. Andererseits brauchen wir neue Formen der demokratischen Partizipation, die das elitäre Politikmodell der Gegenwart durchbrechen. Wir brauchen Orte, an denen wir einander begegnen und wieder ins Gespräch kommen. Orte, an denen wir über den Hass und was er mit uns macht nachdenken und offen sprechen können. Und wir brauchen Orte, die wir als Labor der Zukunft nutzen. Denn weder der Rechtspopulismus noch die geopolitische Unordnung der Welt oder die Klimakrise werden einfach verschwinden. Das Gegenteil ist der Fall. Je länger man wartet, desto größer wird das Problem in der Zukunft. Das soll nicht heißen, dass wir keine Hoffnung haben dürfen. Ganz im Gegenteil: Wir brauchen auch Orte der Hoffnung. Das müssen keine Orte des blinden Optimismus sein. Um es sinngemäß mit der Publizistin Carolin Emcke auszudrücken: Hoffnung ist eine Disziplin. Hoffnung ist eine Tätigkeit. Genau wie Demokratie: Sie ist kein Zustand, sondern eine Handlung. Eine Handlung, die wir jeden Tag aufs Neue vollziehen, am Arbeitsplatz, im Supermarkt, im Fußballverein. Das sind die Orte, an denen wir die Demokratie verteidigen müssen. Schon jetzt, um uns auf eine Zeit vorzubereiten, in der eine rechts-autoritäre Regierung mit allen Mitteln gegen die demokratische Zivilgesellschaft kämpft. Erste einfache Ideen, wie das im Alltag gelingen kann, entwickelt Christian

Masengarb im dritten Band dieser Trilogie. Wichtig ist: Wir dürfen uns an den Hass und die Gewalt nicht gewöhnen, sondern müssen dagegen arbeiten. Permanent und schon heute.

Der Philosoph und Rabbi Abraham Joshua Heschel sagte einmal:

> „Ich würde über Individuen sagen, dass ein Individuum stirbt, wenn es aufhört, überrascht zu sein. Ich bin jeden Morgen aufs Neue überrascht, wenn die Sonne scheint. Ich gewöhne mich nicht an die Gewalt, der ich begegne; ich bin immer noch von ihr überrascht. Wir müssen lernen, überrascht zu sein, nicht, uns anzupassen."

In diesem Sinne: Bleiben wir überrascht. Es ist der erste Schritt, um Demokratie und Menschenrechte zu verteidigen.

Literatur

AfD: Deutschland. Aber normal, in: YouTube, 29.04.2021, https://www.youtube.com/watch?v=XHNlw2tuuDk [10.09.2024].

Arzheimer, Kai: Ist die AfD eine Protestpartei?, in: Quent, Matthias/Virchow, Fabian (Hrsg.), Rechtsextrem, das neue Normal? Die AfD zwischen Verbot und Machtübernahme, München 2024, S. 36–47.

Bensmann, Marcus/von Daniels, Justus/Dowideit, Anette/Peters, Jean/Keller, Gabriela: Geheimplan gegen Deutschland, in: Correctiv, 10.01.2024, https://correctiv.org/aktuelles/neue-rechte/2024/01/10/geheimplan-remigration-vertreibung-afd-rechtsextreme-november-treffen/ [11.09.2024].

Bidder, Benjamin: „Wenn Russland Krieg führt, ziehen wir mit in die Schlacht", in: Spiegel Online, 14.08.2013, https://www.spiegel.de/kultur/gesellschaft/kreml-sender-russia-today-chefredakteurin-simonjan-im-interview-a-916021.html [11.09.2024].

Camus, Renaud: Revolte gegen den Großen Austausch, Schnellroda 2023.

Case, Anne/Deaton, Angus: Deaths of Despair and the Future of Capitalism, Princeton 2020.

Craig, Maureen A./Richeson, Jennifer A.: Majority No More? The Influence of Neighborhood Racial Diversity and Salient National Population Changes on Whites' Perceptions of Racial Discrimination, in: The Russell Sage Foundation Journal of the Social Sciences 4/5 (2018): Immigration and Changing Identities, S. 141–157.

De Benoist, Alain: Kulturrevolution von rechts, Dresden 2017.

De Benoist, Alain: Was ist die Neue Rechte?, in: Junges Forum 16/1–2 (1984): Metapolitik – was ist das?, S. 5–14.

Emcke, Carolin: Was wahr ist. Über Gewalt und Klima, Göttingen 2024.

Enos, Ryan D.: Causal effect of intergroup contact on exclusionary attitudes, in: PNAS 111/10 (2014), S. 3699–3704.

Frankfurt, Harry G.: On Bullshit, Princeton 1986.

Fratzscher, Marcel: Das AfD-Paradox: Die Hauptleidtragenden der AfD-Politik wären ihre eigenen Wähler*innen, in: DIW Berlin Nr. 88, 21.08.2023, https://www.diw.de/documents/publikationen/73/diw_01.c.879721.de/diw_aktuell_88.pdf [10.09.2024].

Ganz, John: This Land is Mein Land. J. D. Vance's Blood and Soil Nationalism, in: Unpopular Front, 18.07.2024, https://www.unpopularfront.news/p/this-land-is-mein-land [10.09.2024].

Gessen, Masha: Surviving Autocracy, New York 2021.

Gessen, Masha: Tucker Carlson Promised an Unedited Putin. The Result Was Boring, in: The New Yorker, 09.02.2024, https://www.newyorker.com/news/news-desk/tucker-carlson-promised-an-unedited-putin-the-result-was-boring [11.09.2024].

Griffin, Roger: The Nature of Fascism, London 1991.

Hauenstein, Hanno: Wer „Populismus" sagt, verharmlost Rechtsextremismus, in: Deutschlandfunk Kultur, 02.09.2024, https://www.deutschlandfunkkultur.de/sprachkritik-populismus-rechtsextremismus-verharmlosung-100.html [11.09.2024].

Hillje, Johannes: Social Media: Die digitale Dominanz der AfD brechen!, in: Blätter für deutsche und internationale Politik, Februar 2024, https://www.blaetter.de/ausgabe/2024/februar/social-media-die-digitale-dominanz-der-afd-brechen [11.09.2024].

Hopkin, Jonathan: Anti-System Politics: The Crisis of Market Liberalism in Rich Democracies, Oxford 2021.

Höcke, Björn: Kyffhäusertreffen 2018 – Rede von Björn Höcke, in: YouTube, 10.05.2020, https://www.youtube.com/watch?v=m0vJAC0ObbI [10.09.2024].

Höcke, Björn: Nie zweimal in denselben Fluß. Björn Höcke im Gespräch mit Sebastian Hennig, Lüdinghausen 2018.

Höcke, Björn: Speech in Erfurt, in: YouTube, 18.11.2015, https://www.youtube.com/watch?v=enUBcTp3njk [10.09.2024].

Höcke, Björn: Ansprache während des Weihnachtsfests der JA in Stuttgart, in: YouTube, 22.12.2014, https://www.youtube.com/watch?v=YhYCrQR-xBI [10.09.2024].

Horaczek, Nina/Ötsch, Walter: Die simple Welt der Populisten, in: Zeit Online, 03.10.2017, https://www.zeit.de/politik/2017-09/populismus-fuer-anfaenger-nina-horaczek-walter-oetsch [10.09.2024].

Illouz, Eva: Undemokratische Emotionen. Das Beispiel Israel, Frankfurt am Main 2023.

Jardina, Ashley: White Identity Politics, Cambridge 2019.

Kaiser, Benedikt: Das Ende des Rechtspopulismus, in: YouTube, 18.06.2024, https://www.youtube.com/watch?v=lBp6vc_njaY [10.09.2024].

Kohlrausch, Bettina: Abstiegsängste in Deutschland. Ausmaß und Ursachen in Zeiten des erstarkenden Rechtspopulismus, in: Hans-Böckler-Stiftung Working Papers 058, Düsseldorf 2018.

Krause, Werner/Cohen, Denis/Abou-Chadi, Tarik: Does Accommodation Work? Mainstream Party Strategies and the Success of Radical Right Parties, in: Political Science Research and Methods 11/1 (2023), S. 172–179.

Körber-Stiftung: Deutsche verlieren Vertrauen in ihre Demokratie, 17.08.2023, https://koerber-stiftung.de/presse/mitteilungen/deutsche-verlieren-vertrauen-in-ihre-demokratie/ [11.09.2024].

Kubitschek, Götz: „Geistiger Bürgerkrieg in Deutschland" – Begrüßung zur Sommerakademie 23, in: sezession.de, 25.09.2023, https://sezession.de/68161/begruessung-zur-sommerakademie-23 [11.09.2024].

Kubitschek, Götz: Selbstverharmlosung, in: Sezession 76 (Februar 2017), S. 26–28, Nachdruck online; https://sezession.de/59584/selbstverharmlosung [11.09.2024].

Kundnani, Hans: Eurowhiteness, London 2023.

Landerer, Christoph: Das Perpetuum mobile der Erregung: Ein Rückblick auf die Strache-FPÖ, in: Der Standard, 20.05.2019, https://

www.derstandard.at/story/2000103443580/das-perpetuum-mobile-der-erregung-ein-rueckblick-auf-die-strache [11.09.2024].

Langemeyer, Ines: Antonio Gramsci: Hegemonie, Politik des Kulturellen, geschichtlicher Block, in: Hepp, Andreas/Krotz, Friedrich/Thomas, Tanja (Hrsg.), Schlüsselwerke der Cultural Studies, Wiesbaden 2009, S. 72–82.

Lewandowsky, Marcel: Was Populisten wollen, Köln 2024.

Loewenstein, Karl: Militant Democracy and Fundamental Rights, I., in: The American Political Science Review 31/3 (1937), S. 417–432.

Löwisch, Georg: Die Migration ist nicht das entscheidende Problem. Interview mit Gerhart Baum, in: Zeit Online, https://www.zeit.de/kultur/2024-08/gerhart-rudolf-baum-solingen-terrorismus-islamismus-raf [11.09.2024].

Lynch, Michael P.: Trump, Truth and the Power of Contradiction, in: The New York Times, 07.05.2016, https://www.nytimes.com/2016/05/08/opinion/sunday/trump-truth-and-the-power-of-contradiction.html [11.09.2024].

Machowecz, Martin: Ab durch den Höcke, in: Zeit Online, 12.04.2024, https://www.zeit.de/politik/deutschland/2024-04/tv-duell-bjoern-hoecke-mario-voigt-afd-cdu [11.09.2024].

Machowecz, Martin/Otto, Jeanette: In Zeiten harter Auseinandersetzungen muss man sich auch mal ein Glas Rotwein reindrehen, in: Zeit Magazin 29/2024, 03.07.2024, https://www.zeit.de/zeit-magazin/2024/29/claus-weselsky-gdl-deutsche-bahn-ruhestand-ehe/komplettansicht [10.09.2024].

Magyar, Bálint/Madlovics, Bálint: The Anatomy of Post-Communist Regimes. A Conceptual Framework, New York City 2020.

Markwardt, Nils: Faschisten wollen Future, in: Zeit Online, 30.03.2024, https://www.zeit.de/kultur/2024-03/rechtsextremismus-faschismus-widersprueche-donald-trump-afd/komplettansicht [11.09.2024].

Mau, Steffen/Lux, Thomas/Westheuser, Linus: Triggerpunkte. Konsens und Konflikt in der Gegenwartsgesellschaft, Frankfurt am Main 2023.

Mason, Paul: Faschismus – und wie man ihn stoppt, Berlin 2022.

McMillan Cottom, Tressie: Thick. And Other Essays, New York 2019.

Möller, Kolja: Populism and the Political System: A Critical Systems Theory Approach to the Study of Populism, in: Philosophy & Social Criticism 50/2 (2024), S. 299–322.

Mudde, Cas/Kaltwasser, Cristóbal Rovira: Populismus: Eine sehr kurze Einführung, Berlin 2019.

Müller, Jan-Werner: Was ist Populismus?, Berlin 2016.

Orbán, Viktor: Prime Minister Viktor Orbán's Speech at the 25th Bálványos Summer Free University and Student Camp, 30.07.2014, https://2015-2019.kormany.hu/en/the-prime-minister/the-prime-minister-s-speeches/prime-minister-viktor-orban-s-speech-at-the-25th-balvanyos-summer-free-university-and-student-camp [11.09.2024].

Powell, Enoch: ‚Rivers of Blood' Speech, 20.04.1968, https://anth1001.wordpress.com/wp-content/uploads/2014/04/enoch-powell_speech.pdf [10.09.2024].

Raspail, Jean: Das Heerlager der Heiligen, Schnellroda 2015.

Rhein, Philipp: Rechte Zeitverhältnisse. Eine soziologische Analyse von Endzeitvorstellungen im Rechtspopulismus, Frankfurt am Main 2023.

Schaible, Jonas: Wir sind in einer neuen Ära der Propaganda, in: Spiegel Online, 16.03.2024, https://www.spiegel.de/politik/deutschland/propaganda-in-der-modernen-politik-wir-sind-in-einer-neuen-aera-der-propaganda-a-30ce993b-6bf9-4a52-856b-9fc040934ec0 [11.09.2024].

Siddiqi, Arjumand/Sod-Erdene, Odmaa/Hamilton, Darrick/McMillan Cottom, Tressie: Growing Sense of Social Status Threat and Concomitant Deaths of Despair Among Whites, in: SSM – Population Health 9 (2019), 100449.

Staib, Julian: „Die stellen meine Lebensweise infrage", in: Frankfurter Allgemeine Sonntagszeitung, 16.10.2024, https://www.faz.net/aktuell/politik/inland/neubrandenburgs-buergermeister-silvio-witt-ueber-seinen-rueckzug-110050562.html [10.12.2024].

Stambulski, Michał: Constitutional Populism and the Rule of Law in Poland, in: Krygier, Martin u. a. (Hrsg.), Anti-Constitutional Populism, Cambridge 2022, S. 336–398.

Stanley, Jason: How Facism Works. The Politics of Us and Them, New York 2018.

Steinbeis, Maximilian: Die verwundbare Demokratie: Strategien gegen die populistische Übernahme, München 2024.

Vooren, Christian: Ich würde ja gern widersprechen, leider bin ich so selten auf Sylt, in: Zeit Online, 24.05.2024, https://www.zeit.de/gesellschaft/zeitgeschehen/2024-05/sylt-video-rassismus-reichtum [11.09.2024].

Völker, Teresa/Saldivia Gonzatti, Daniel: Discourse Networks of the Far Right: How Far-Right Actors Become Mainstream in Public Debates, in: Political Communication 41/3 (2024), S. 353–372.

Weber, Isabella: The Lesson of This Election. We Must Stop Inflation Before It Starts, in: The New York Times, 12.11.2024, https://www.nytimes.com/2024/11/12/opinion/election-inflation-cost-shock.html [10.12.2024].

Weidel, Alice: Diese Regierung hasst Deutschland, in: YouTube, 31.01.2024, https://www.youtube.com/watch?v=07ri4pzjUDw [11.09.2024].

Wodak, Ruth: Rechtspopulistische Diskursverschiebungen, in: Aus Politik und Zeitgeschehen/bpb.de, 20.10.2023, https://www.bpb.de/shop/zeitschriften/apuz/diskurskultur-2023/541849/rechtspopulistische-diskursverschiebungen/ [11.09.2024].

Zakaria, Fareed: The Rise of Illiberal Democracy, in: Foreign Policy 76/6 (1997), S. 22–43.

Zick, Andreas/Küpper, Beate/Mokros, Nico: Die distanzierte Mitte. Rechtsextreme und demokratiegefährdende Einstellungen in Deutschland 2022/23, Bonn 2023.

Die **Kohlhammer Trilogien** – Gesellschaftsthemen aus verschiedenen Perspektiven beleuchtet!

Die Sachbuchreihe **Kohlhammer Trilogien** behandelt aktuelle gesellschaftliche Themen in drei Bänden aus unterschiedlichen Perspektiven. Die Bücher bieten abgesicherte Hintergrundinformationen und gecheckte Fakten. Die Inhalte sind knapp, verständlich und journalistisch geschrieben – kurz: spannend.

Sie können die Bände einzeln beziehen oder im Paket zum Vorteilspreis.

Band 1
Benjamin Hindrichs
Rechtspopulisten:
Radikale auf dem Weg zur Macht
166 Seiten, fester Einband
ISBN 978-3-17-044980-0
€ 19,– (D) / CHF 22,80 / € 19,50 (A)

Band 2
Katharina Ceming
Entspannt Euch!
Warum moralische Empörung nicht hilft
164 Seiten, fester Einband
ISBN 978-3-17-044977-0
€ 19,– (D) / CHF 22,80 / € 19,50 (A)

Band 3
Christian Masengarb
Make Democracy Sexy Again:
In fünf Minuten pro Woche
177 Seiten, fester Einband
ISBN 978-3-17-044983-1
€ 19,– (D) / CHF 22,80 / € 19,50 (A)

Paket der drei Bände
zum Vorteilspreis
„Von Hetzern und Empörten"
507 Seiten, fester Einband
ISBN 978-3-17-045024-0
€ 48,– (D) / CHF 57,60 / 49,30 (A)

Weitere Informationen unter **shop.kohlhammer.de**